"传优养心"青少年传统文化专题读本

李香平　编著

学习之道

参加编写人员

王旭　金颖　孟楠　肖前欢

（本书获暨南大学华文教育研究院学术著作出版资助）

语文出版社

·北京·

图书在版编目（CIP）数据

"传优养心"青少年传统文化专题读本. 学习之道 / 李香平编著. — 北京：语文出版社，2015.5（2019.4重印）
ISBN 978-7-5187-0102-5

Ⅰ．①传… Ⅱ．①李… Ⅲ．①国学—少儿读物 Ⅳ.
①Z126-49

中国版本图书馆CIP数据核字(2015)第058228号

责任编辑	谢　惠	
装帧设计	梁　明	
出　　版	语文出版社	
地　　址	北京市东城区朝阳门内南小街51号　　100010	
电子信箱	ywcbsywp@163.com	
排　　版	语文出版社照排室	
印刷装订	北京楠萍印刷有限公司	
发　　行	语文出版社　新华书店经销	
规　　格	787mm×1092mm	
开　　本	1／16	
印　　张	9.75	
字　　数	140千字	
版　　次	2015年6月第1版	
印　　次	2019年4月第4次印刷	
印　　数	12,001－22,000	
定　　价	22.00元	

📞 010-65253954（咨询）010-65251033（购书）010-65250075（印装质量）

新角度解旧蒙学

王彦坤

  友生李香平博士的《"传优养心"青少年传统文化专题读本》即将出版，索序，这当然是推托不得的。香平对于青少年的传统文化启蒙，很早就加以关注，后来又付诸实践。记得2010年秋在武夷山参加中国训诂学研究会学术年会的时候，会议余暇，香平与熊焰君到我房间闲聊，便大谈青少年传统文化启蒙在今天的意义，还有她兴办蒙学教育的宏伟计划。她的许多想法，我是赞同的，并在口头上给予鼓励。同时也提醒香平，传统文化启蒙首先要解决好的问题是教材。没想到事隔四年，香平已构拟出《"传优养心"青少年传统文化专题读本》一套四册之大纲，并编写出其中之两册——《孝敬之道》和《学习之道》来，其于传统文化启蒙工作之倾心与努力是不言而喻的。

  从已构拟之大纲及已完成的前两册看，我以为香平的这套读本是很值得称道的。下面把我的一点体会说与读者共享。

  作为传统文化启蒙之读本，内容之选择自然成为编者首先面临的问题。而几千年的传统文化，涉及的内容包罗万象，若不划定范围，势必涣无统纪，难以对学子产生强烈的影响力。香平有感于此，首先将选材的范围划定在孝敬、学习、责任、修身四个方面。可以看出，这四个方面的认定，是经过深思熟虑而作出的。孝敬是做人的根本，学习是成才的保证，责任是社会共同的要求，修身则是精神的自我完善，从这四个方面进行传统文化启蒙，对于培养青少年的健全人格意义重大，可谓抓住了青少年道德、审美、认知教育的关键。

  传统文化是一个庞杂的文化体系，难免垃圾与珍宝共处、精华与糟粕并存。作为传统文化启蒙之读本，对于传统蒙学读物乃至儒家经典的内容就不能不有所

王彦坤，暨南大学中文系教授，博士生导师。

取舍。香平对此有相当清醒的认识，因此，这套读本中无论是正文还是附录的经典名篇，都是经过认真甄别精选出来的。按照时髦的说法，这些经典名篇所传递的都是正能量。这与时下某些蒙学读物及少年读经班，将《三字经》《孝经》之类，不负责任地全文照搬给我们的孩子，采取的是完全不同的态度。

蒙学读物历代多有，如著名的《三字经》《百家姓》《千字文》，主要是采用歌诀形式将识字教学、知识传授与思想灌输融为一篇，让蒙童通过诵读而理解。不可否认，这种蒙学读物在古代曾经对青少年的教育起过很大的作用，但是时至今日，如果仍然沿袭其旧有套路，怕未必有好的效果。香平的读本完全是一种创新，其所谓"传统文化专题"，只突出传统文化之精神，而不拘束于传统文化典籍。围绕着某个能够体现传统文化精神的主题，除了精选传统文化经典以为诵读之外，古今中外凡有助于理解主题思想之阅读素材，也得以通过不同栏目进入读本之中。可以说，这套读本从分册主题的确定，到各册课名的拟定，到每课栏目的设立，处处体现出精心策划之巧妙与新意。

这套读本中一些栏目的设置，充分体现出编者对教学法的重视和良苦用心。如《故事有约》有很强的可读性，《幽默与讽刺》发人深思，《七嘴八舌》促进师生互动，《大显身手》既是素质与能力的训练，也是对学习效果的检测。凡此种种，使这套读本完全摆脱旧式蒙学读物的死板枯燥，而代之以生动活泼的启蒙方式，让学童在充满兴趣的阅读中、积极主动的学习中，接受优秀传统文化的熏陶，得到传统文化精神之洗礼。

总而言之，香平的《"传优养心"青少年传统文化专题读本》是一套与时俱进的、传播正能量的、弘扬传统文化精神的、创意独到的蒙学读物。我相信它的出版将受到广大家长的欢迎，赢得千万学童的喜爱。

2015 年 1 月 15 日

于暨南园无名室

香远益清　再见如故

柳恩铭

　　春节抱病修订完了《论语心读》第二版，有一种气尽力微的感觉。接到暨南大学李香平副教授的电话，委婉地"提醒"我为她的《"传优养心"青少年传统文化专题读本》写序言的事情，这才想起年前她曾有此嘱托。于是，与香平教授几次见面的情形清晰地浮现在脑海中。

　　相遇在互联网。大约2012年初，博客中有匿名访客留言评论我的文章，观点新颖，尤其是对传统文化的认识，很多观点与我相近。对话中，得知访客是暨南大学副教授李香平。也许是文化传承的使命使然，香平谦虚提出"拜访"，我欣然回应，安排在办公室相见。见面时才知道香平是女性，温婉清秀。香平从事对外汉语教学工作，认为对外汉语教学模式、方法、成效都有问题，想从传统文化方面打开缺口闯出新路，希望能与天河教育有更多的接触和交流。我承诺：天河任何学校都愿意接受香平教授的指导。因为时间关系，我只是客气寒暄，就送香平离开——内心觉得欠妥，一直抱有歉意！此时，对香平尚未形成强烈印象，也不知道半路出家研究传统文化到了何种程度。相见，没有恨晚！

　　相识在好教育。2014年，市教育局推出"好教育进行时"展示项目，由各区教育局局长推介本区教育的精彩和亮点。天河区第一个出场，重点展示传统文化经典教育。按照规定，必须有专家点评环节。朋友们推荐了中山大学、华南师范大学、北京大学、北京师范大学的教授，但是以我的眼光看，他们都不了解天河，不了解天河教育，不了解天河经典教育，不是最佳选择；办公室主任黄攀同志提醒，请暨南大学李香平副教授比较合适。同时，似乎没有比她更佳的人选，因为两年来我从经典教育的总结材料中知道，香平正在指导天河一批学校开展经典教育。2014年9月25日下午，我在广州市教育局八楼会议室，做了题为《让

柳恩铭，博士，广州市天河区教育局局长，著有《论语心读》。

教育回归本真·让教育提升生命》的演讲，随后人大代表、政协委员、媒体朋友等依次对"天河好教育"发表了评论，除了屈哨兵局长"有格、有派、有效"的结论外，能够在我大脑中留下长远印象的只有香平的评价。从她的点评中，可以看出香平对我之了解，对天河之了解，对天河教育之了解，超乎我想象；从她的发言中可以看出对传统文化研究视域之广，研究程度之深，研究角度之新，也超乎我想象。"士隔三日，当刮目相看。"想不到再见如故，深深折服于香平深邃的思想、优雅的气质、中肯的评价。半个月后，中华书局在广州大学举办我的新著《论语心读》研讨会，中华书局邀请的专家就有香平，她对我的《论语心读》评价切中肯綮。再见，有些恨晚！

相期在学术中。其实，香平所在的暨南大学很多人我都认识。我问蒋述卓先生、林如鹏先生、饶敏先生是否知道李香平，他们都默然、不知、将关注……但是，香平早已名满天河基础教育界，早已成为广州市传统文化经典教育明星级的导师，即使在京津沪、在江浙、在川滇黔、在湖湘都有她的身影和声音。香平在做自己喜欢的事情，在追求梦想，在担当本不应该属于她的责任……每念及此，肃然起敬。很多高校教师都忙着申报课题，申请经费，撰写论文，经营自己，香平却甘于平淡和寂寞，甘于坐冷板凳、下平常功夫，甘于为传统文化经典教育当推手，其学问之精进，也超乎我想象。与孔子同时期的希腊哲学家赫拉克利特曾经说："人不能两次踏进同样的河流。"我曾多次对朋友讲："每次见香平，仿佛都是新的。"每一次听她的讲话或者讲座，感觉都上了一个新台阶，无论是学养还是气质。在我三十年的工作经历中，"苟日新，日日新"之成年人，真的不多见，香平是其一！

为了完成香平年前的嘱托，我抽出时间读完了《"传优养心"青少年传统文化专题读本》中的《孝敬之道》《学习之道》两册，深深震撼于香平视野之开阔、思想之深邃、情怀之高尚、学养之深厚、态度之严谨。其人格、学术浑然一体，融入生命，形成一种清香平和的熏陶力量。

《孝敬之道》与其他类似作品最大的区别，在于其是建立在儒家"知行合一"的哲学思想之上。儒家的道德教育，强调植根于心，见诸于行；强调孝的理性，强调孝的真诚，强调孝的态度，强调孝的品质，强调孝的行为，强调孝的本性。应该说，该书克服了同类著作忽视实践、忽视道德自觉的根本缺陷，非常适

合作为中小学生的教材。

《学习之道》则直接冲击中国当代教育的致命弱点。中国当代教育的致命弱点是迷失了学习之用，迷失了学习之道，迷失了学习之境，迷失了学习之德，迷失了学习之品，迷失了学习之法，迷失了学习之本。香平的《学习之道》对此作了科学回答：学习之用在于医愚，学习之道在于守恒，学习之境在于忘我，学习之德在于谦虚，学习之品在于不舍，学习之法在于专心，学习之本在于实践。香平传承了增长智慧的教育目的观，终身学习的求道精神，乐以忘忧的学习境界，不耻下问的学习态度，锲而不舍的学习品质，专心致志的学习方法，知行合一的本质追求。这就是香平《学习之道》的独特价值，教师需要传承，学生需要继承。

香平是一位慈母，她的著作充溢着春风般的慈爱！香平是一位智者，她的著述闪烁着教育哲学的光辉！香平是一位行者，她的观点立足于行、植根于心，继承了儒家"知行合一"的传统。香远益清，香平之著作能够给雾霾中的教育注入阵阵清香，平和却永恒！

2015 年 3 月 28 日
于东湖之滨

前　言

习近平总书记在2014年2月中共中央政治局第十三次集体学习时强调，中华优秀传统文化是社会主义核心价值观的重要源泉。2014年3月，教育部出台《完善中华优秀传统文化教育指导纲要》，明确要求在小学、中学、大学加强中华优秀传统文化教育，培养青少年对中华优秀传统文化的亲近感、感受力、理解力。怎么才能让青少年亲近中华优秀传统文化？这是摆在我们面前的共同难题。

对于这个难题，我很早就开始关注并进行探索。在社会责任和母亲情怀的驱使下，我于2012年开始着手为读小学的女儿及其同龄人编写传统文化专题读本，开办"博士妈妈国学课堂"。读本分别在广州市天河区五一小学、石牌小学和明伦书院国学夏令营试用，受到家长和孩子们的欢迎。后经反复修改，终于完成了《"传优养心"青少年传统文化专题读本》的前两本《孝敬之道》《学习之道》的编写。

本套读本以"传优养心"为主旨，目的有二："传优"，即传播、传承、传扬中华优秀传统文化，通过民族优秀文化的传播、传承、传扬，培养青少年对中华优秀传统文化的自信、自觉；"养心"，即将民族精神中最具凝聚力和当代价值的爱国心、责任心、诚信心、友善心等作为主要内容，培养具有"中国心"和世界眼光的当代青少年。

在编排体例、编写内容上，本套读本明显有别于其他传统文化教材：

一是立足青少年常见问题选择专题，针对性强。本套读本以青少年常见问题为导向，分为孝敬、学习、责任、修身四个专题，有针对性地给青少年进行"传优养心"教育。

二是立足现代社会需要进行扬弃取舍，专业性强。本套读本每本都包括了《说文解字》《经典撷英》《经典名篇》《古文初读》等栏目，里面选择的文章、名句、故事等都是作者立足适应现代社会需要和传播传统文化需要，经过千挑万

选、扬弃取舍得来的。

三是立足青少年学习特点进行互动，可读性强。为了提高青少年学习传统文化的兴趣，编者有意以相对轻松的方式呈现传统文化教育的内容。本套读本设有《故事有约》《幽默与讽刺》《七嘴八舌》《大显身手》《自我评价》等趣味盎然的小栏目，并注意引导孩子们围绕"读书有用还是无用""老人摔倒要不要扶"等社会热点问题展开互动。编者希望让一贯以严肃面目出现的传统文化读物变得平易近人、趣味生动起来，让青少年对传统文化由入眼到入心，激发他们的思考，深化他们的认识，指导他们的实践。

四是立足多元文化背景，开放性强。本套读本立足当代多元文化背景，强调古为今用、洋为中用。在材料的选材和观点的呈现中，不拘泥于古文文献，也不拘泥于中国故事，而是在主题统率下尽量选取能够准确体现该课主题，具有普世价值的古今中外故事、文学名篇、时事热点、幽默笑话等，以此引导学生贯通古今、融合中西，树立世界眼光。

本套专题读本既可以作为小学高年级至初中阶段学生的传统文化课堂和德育课堂专用教材，也可以作为传统文化亲子读本，还可以作为各类培训机构的传统文化主题活动（冬令营、夏令营等）教材。若中小学作为传统文化课专用教材，建议一个学期使用一个专题，每个专题有七个主题，每两周完成一个主题，共14周完成读本的主要内容教学，其余时间用于诵读、讨论等。课堂教学建议主要围绕每课的《说文解字》《经典撷英》《经典名篇》《古文初读》《七嘴八舌》《大显身手》等栏目进行，而《故事有约》《幽默与讽刺》等可以作为课外阅读的内容。

衷心希望这套出自传统文化研究者之手、充满母爱的《"传优养心"青少年传统文化专题读本》，能够给家长和小读者带来智慧的启迪和学习的乐趣，从而逐步亲近并领会中华优秀传统文化及其人文精神。当然，由于中华传统文化博大精深，编者才疏学浅，因而错漏在所难免，欢迎各位不吝赐教。

暨南大学　李香平

2015年3月20日

目录

第一课　善学医愚——为学之用

　　人为什么要学习？因为没有人可以不通过学习而生存。从翱翔云天的鹰到孤行林间的虎，都要从它们的父母长者那里学习生存的技巧。无论一个人、一个团体，还是一个民族、一个社会，只有不断学习，才能获得新知，增长才干，跟上时代。古人很早就意识到读书的重要性，西汉经学家刘向曾说："书犹药也，善读之可以医愚。"现代著名书画家李苦禅也曾撰联："鸟欲高飞先振翅，人求上进先读书。"

　　周恩来总理曾说："为中华之崛起而读书。"同学们，你读书又是为了什么呢？很多人可能会说，是为了考上名校，为了将来能找个不错的工作。实际上，学习的目的不只是为了考试、升学。如果说，车是人类腿脚的延伸——使人们走得更远，望远镜是人类眼睛的延伸——使人们看得更远，计算机是人脑的延伸——使人们算得更快……那么学习就是人类所有能力的延伸——可以使人们拥有更多的能力。

　　通过学习，一方面可以提高自己的能力和修养，完善自我人格品性，达到"内圣外王"的目的；另一方面，可以通过学习找到学习之法，提高自我学习的能力。由于学习对每个人都具有决定性的重要意义，国际二十一世纪教育委员会将"学会学习"作为教育的四大支柱（学会学习、学会做人、学会做事、学会相处）之首。

　　同学们，我们的学习是为了获得老师、家长的表扬奖励，赢得同学们羡慕的目光，还是为了不断完善自我呢？如果能从内心深处认识学习的目的，通过学习获得快乐、愉悦就是水到渠成的事情。

说文解字

说 "愚"

　　"愚"，小篆写作愚。《说文·心部》："愚，戆也。""戆"读作zhuàng，与今天的"傻"意思相同。古代的"愚夫戆士"就是指蠢笨之人。五世纪印度僧伽斯那所集的《百喻经》中有一个愚人食盐的故事：从前，有一个愚笨的人到朋友家去做客，主人请他吃饭。他尝了几样主人烧的菜肴，觉得味道太淡。主人在菜里加上一些盐后，他感觉菜肴十分美味。于是，他对自己说："菜的味道之所以好，是因为有了盐。加一点就这样好吃，多放些岂不更好吃吗？"愚人想，每餐买盐来吃就好了，省得煮那么多菜。结果，味道当然非常不好。愚人不知原因所在，反而觉得被那位朋友骗了。故事里的愚人连基本的生活常识都不懂，着实可笑。当然，生活中也有不少大智若愚的人。例如，《愚公移山》中的愚公，看上去很傻，实则有着超乎常人的毅力和决心。

　　愚笨还是聪明，虽有一部分是由先天的智力因素决定的，但对于大部分拥有一般智商的普通人来说，主要还是取决于自身的努力程度。所以，唯有不断学习，才有可能开启智慧之门。

第一课

 经典撷英

1.士不厌学，故能成其圣。　　　　　——《管子·形势解》

2.仕而优则学，学而优则仕。　　　　——《论语·子张》

3.节饮食以养胃，多读书以养胆。　　——[战国] 庄周

4.学不倦，所以治己也；教不厌，所以治人也。　——《尸子》

5.玉不琢，不成器；人不学，不知道 。　——《礼记·学记》

6.大学之道，在明明德，在亲民，在止于至善。

——《礼记·大学》

7.凡欲显勋绩扬光烈者，莫良于学矣。

——[东汉] 王符《潜夫论·赞学》

8.士欲宣其义，必先读其书。　——[东汉] 王符《潜夫论·赞学》

9.书犹药也，善读之可以医愚。　——[西汉] 刘向《说苑》

10.人有坎壈，失于盛年；犹当晚学，不可自弃。

——[南北朝] 颜之推《颜氏家训·勉学》

11.木之就规矩，在梓匠轮舆。人之能为人，由腹有诗书。诗书勤乃有，不勤腹空虚。　　　　——[唐] 韩愈《符读书城南》

12.击石乃有火，不击元无烟。人学始知道，不学非自然。万事须己运，他得非我贤。青春须早为，岂能长少年。

——[唐] 孟郊《劝学诗》

13.夫不学，则不明古道，而能政致太平者，未之有也。

——[唐] 吴兢《贞观政要·敬师傅》

14.人臣若无学业，不能识前言往行，岂堪大任。

——[唐] 吴兢《贞观政要·崇儒学》

15.富贵必从勤苦得，男儿须读五车书。

——[唐] 杜甫《题柏学士茅屋》

16. 读书不破费，读书利万倍。窗前读古书，灯下寻书义，贫者因书富，富者因书贵。 ——［北宋］王安石《劝学文》

17. 旧书不厌百回读，熟读深思子自知。他日名宦恐不免，今日栖迟那可追。 ——［北宋］苏轼《送安惇秀才失解西归》

18. 粗缯大布裹生涯，腹有诗书气自华。

——［北宋］苏轼《和董传留别》

19. 宦途至老无余俸，贫悴还如筮仕初。赖有一筹胜富贵，小儿读遍旧藏书。

——［南宋］陆游《冬夜读书示子聿》

20. 立身以立学为先，立学以读书为本。

——［北宋］欧阳修《欧阳文忠公文集》

21. 学乃身之宝，儒为席上珍。君看为宰相，必用读书人。

——［北宋］汪洙《神童诗·劝学》

22. 大志非才不就，大才非学不成。

——［明］郑心材《郑敬中摘语》

23. 为学大病在好名。 ——［明］王守仁《传习录》

24. 要知天下事，须读古人书。 ——［明］冯梦龙

25. 人家不必论富贵，唯有读书声最佳。 ——［明］唐寅

26. 一个浑身有几何，学书不就学兵戈。南思北想无安着，明镜催人白发多。 ——［明］宋应星《怜愚诗》

27. 当怒读则喜，当病读则痊。恃此用为命，纵横堆满前。

——［明］杨循吉《题书橱》

28. 知周乎物而不劳，才裕于用而无穷，斯为善学者矣。

——［明］方孝孺《见山堂记》

29. 夫读书将以何为哉？辨其大义，以修己治人之体也，察其微言，以善精义入神之用也。 ——［明末清初］王夫之

30. 读书能养气，乃为善读书。 ——［清］汪莹《示儿》

31. 人心如良苗，得养乃兹长；苗以泉水灌，心以理义养。一日不读书，胸臆无佳想。一月不读书，耳目失清爽。

　　　　　　　　　　　　　——［清］萧抡谓《读书有所见作》

32. 德者业之本，业者德之著。德益进而业益修，业益修则德益进。

　　　　　　　　　　　　　——［清］张履祥《备忘三》

33. 学则可以作圣，不学则无以成人。

　　　　　　　　　　　　　——［清］尹会一《健余札记》

34. 好学则老而不衰，可免好得之患。 ——［清］申涵光

35. 物之成于气，人之成于学。 ——［清］陈确

36. 读书如饭，善吃饭者长精神，不善吃者生疾病。 ——章学诚

37. 鸟欲高飞先振翅，人求上进先读书。 ——李苦禅

同学们，一起来读一读吧。

善学医愚——为学之用

经典名篇

第一课

太宗①尝谓中书令岑文本曰："夫人虽禀定性，必须博学以成其道，亦犹蜃（shèn）性含水，待月光而水垂②；木性怀火，待燧动而焰发；人性含灵，待学成而为美。是以苏秦刺股，董生垂帷③。不勤道艺，则其名不立。"文本对曰："夫人性相近，情则迁移，必须以学饬（chì）④情，以成其性。《礼》云：'玉不琢不成器，人不学不知道。'所以古人勤于学问，谓之懿德⑤。"

——《贞观政要·崇儒学》

【注释】

①太宗：唐太宗李世民。

②蜃性含水，待月光而水垂：蜃，大蛤蜊。传说海上有月光时蜃吐气如楼阁之状。

③苏秦刺股，董生垂帷：相传苏秦读书刻苦，欲睡时就用锥子刺自己的大腿。董生（公元前179年—公元前104年），即董仲舒，西汉哲学家，今文经学大师。《汉书》记载，董仲舒三年里

放下室内悬挂的帷幕，专心读书或写作，心无旁骛。

④饬：修饰，规约。

⑤懿德：美德。

【出处】

《贞观政要》是唐代史学家吴兢著的一部政论性史书。全书十卷四十篇，分类编辑了唐太宗在位的二十三年中与魏征、房玄龄、杜如晦等大臣在治政时的问题，包括大臣们的争议、劝谏、奏议等，以此规范君臣思想道德，体现治国理政思想。此外，也记载了一些政治、经济上的重大措施。它是中国开明封建统治的战略和策略、理论和实践的集大成。

【智慧点睛】

唐太宗曾对中书令岑文本说："人虽然秉有一定的天性，但必须博学才能有所成就。就好比蜃的本性含有水，要见到月光才能吐水；木的本性含有火，但要燧石敲打才能发火。人的本性含有灵气，可是要通过学习，才能美好完善。所以，历史上有苏秦刺股读书，董仲舒放下帷帐讲学的美谈。不勤奋于道艺，功名是不会树立的。"岑文本回答说："人的本性都很相近，情趣却有所差别，必须用学习来修养情趣，使本性完善。《礼记》说：'玉石不经雕琢就不会成为器具，人不学习就不会懂得道理。'所以，古人以勤于学习为美德。"可见，即便历代圣贤智者，从来都将学习作为修炼自身才德的基本途径，而不只是仅仅作为获得功名利禄的手段。

第一课

七嘴八舌

　　这几年来，关于"读书无用论"的论调有所抬头。当代许多商界巨头、成功人士并不以学历取胜，这更成为"读书无用论"的有力注脚。知名企业家马云曾说："成功与否跟情商有关系，跟读书多少没关系。""读书像汽车加油，得知道去哪里，装得太多就成了油罐车。不读书和读书太多的人，都不大会成功，所以别读太多书。"他还强调："人可以少读书，多干事。"有关言论曾引发社会热议，

　　的确，读书不是马云的强项，他的数学成绩曾经只得过1分，但他的英语一直比较拔尖。从小到大，马云不仅没有上过一流的大学，而且连小学、中学都是三流的。1984年，马云几经周折终于考入杭州师范学院外语系。1995年，做英语翻译工作的马云在出访美国时首次接触到因特网，回国后创办了"中国黄页"网站，此后逐步发展成为

IT业的领军人。马云以惨淡的读书经历创造了非凡的商业成就，似乎获得了一种鄙视读书的资本，并在一个鼓吹成功、忽视人文的时代获得了广泛认同。殊不知，如果没有超强的学习能力和超前的学习意识，马云又哪能够跨领域成为商业巨子呢？其实，马云否定的是应试教育和"读死书，死读书"，他从来没有否定过学习的重要性。

与马云不同，商界精英李嘉诚却坚信"知识能改变命运"。俄国文学家高尔基也曾说："如果不想在世界上虚度一生，那就要学习一辈子。""读书无用论"中的"读书"具体指什么？和高尔基提到的"学习"所指是否一样？请收集相关材料，采用小组讨论的方式，分别对"读书有用""读书无用"进行探讨，最后说出你对"读书""学习"是否有用的总体看法。

	读书有用	读书无用
1		
2		
3		
4		
5		
6		
7		
8		
9		
10		

善学医愚——为学之用

孙 权 劝 学

　　初，权①谓吕蒙曰："卿今当涂掌事②，不可不学！"蒙辞以军中多务。权曰："孤岂欲卿治经为博士③邪！但当涉猎，见往事耳。卿言多务，孰若孤？孤常读书，自以为大有所益。"蒙乃始就学。及鲁肃过寻阳，与蒙论议，大惊曰："卿今者才略，非复吴下阿蒙④！"蒙曰："士别三日，即更刮目相待，大兄何见事之晚乎！"肃遂拜蒙母，结友而别。

——《资治通鉴》

第一课

【注释】

①权：孙权，三国时吴国国君。

②当涂掌事：担任要职。

③博士：职官，精通儒家经典。

④吴下阿蒙：吴下，吴地。阿蒙，鲁肃对吕蒙的昵称。

【出处】

《资治通鉴》是北宋司马光主编的一部多卷本编年体史书，共二百九十四卷，历时十九年完成。主要以时间为纲，事件为目，从周威烈王二十三年（公元前403年）写起，到五代后周世宗显德六年（公元959年）征淮南停笔，涵盖十六朝一千三百六十二年的历史。它是中国第一部编年体通史，在中国官修史书中占有极重要的地位。

【古文今义】

起初，吴王孙权对大将吕蒙说："你现在担任要职掌握重权，不可不进一步去学习！"吕蒙以军营中事务繁多为理由加以推辞。孙权说："我难道是想要你钻研经史典籍而成为学问渊博的学者吗？只是认为你应当广泛地学习知识而不必去深钻精通。你说要处理许多事务，哪一个比得上我处理的事务多呢？我常常读书，自己感到获得了很大的收益。"吕蒙于是开始学习。等到东吴名将鲁肃路过寻阳，与吕蒙研讨论说天下大事，当鲁肃听到吕蒙的见解后非常惊奇地说："你如今的才干谋略，已不再是过去的东吴吕蒙可以相比的了！"吕蒙说："对于有志气的人，分别

善学医愚——为学之用

了数日后，就应当擦亮眼睛重新看待他的才能，老兄你为什么这么晚才看到事物的变化呢！"于是鲁肃拜见吕蒙的母亲，与吕蒙结为好友，然后告别而去。

想一想：

1.孙权为何劝吕蒙读书？孙权自己读书的目的是什么？

2.吕蒙学习前后有什么变化？

3.怎样才能让人"士别三日，即更刮目相待"？

第一课

故事有约

子 路 求 学

孔子有一位学生叫子路。子路在还没有拜孔子为师之前，大家都称他是野人，就是没有受过教育的人。

子路去买米，旁人见了他都拼命地跑开了，边跑边说有野人来了。卖米的老板看了他都怕他三分。他并不是不付钱，而是很鲁莽，很不讲道理，动不动就扯住人家的衣服恐吓人。

有一天，孔子问子路："你有什么喜好？"

善学医愚——为学之用

子路一边舞起长剑一边说："我喜好长剑。"

孔子说："如果一个人不学习，就是马没有了缰绳。"子路骄傲地说："我没有必要学习。南山有一种竹子，不需要烤燥就很笔直，削尖后射出去，能够穿透厚厚的靶子。"他骄傲地说："我天赋异秉，何必学习？"他一边说着一边射箭。

孔子说："如果在这根竹子上安上羽毛，加上箭头，是不是会更好呢？"说着，孔子也拿起箭射了出去。结果让子路傻了眼，因为这个箭的威力更大，穿透力更强，而且更准。

孔子说："仁德而不好学，就会被人愚弄；爱要小聪明而不好学，就会放荡；讲信用而不好学，就会害了自己；直爽而不好学，就会变得尖酸刻薄；勇敢而不好学，就会犯上作乱；刚烈而不好学，就会变得狂妄无知。"

子路直听得汗流浃背，原来世间还有如此高深的学问，难怪时常自以为了不起，却一直让人讨厌。听孔子之言，竟如当头棒喝，他一下子明白了许多。于是，他跪拜在孔子脚下，心悦诚服地说："夫子请收我为徒吧，我一定好好地跟你学习。"

点评：子路不学习就是野人，努力学习后就逐渐成为贤人了。我们该做野人还是贤人？

天 道 酬 勤

曾国藩是中国历史上很有影响的人物之一，然而他的天赋并不高。有一天，他在家读书，一篇文章重复朗读了不知道多少遍，却还背不下来。这时候，他家来了一个贼，潜伏在他的屋檐下，希望等读书人睡觉之后捞点好处。可是等啊等，就是不见他睡觉，还是翻来覆去地读那篇文章。贼人大怒，跳出来说："这种水平读什么书？"然后将那篇文章背诵一遍，扬长而去！

贼人听过几遍就能将文章背下来，说明他很聪明，至少比曾国藩要聪明。但遗憾的是，他的天赋没有加上勤奋，最后只能成为贼，而被他瞧不起的曾国藩通过长期的艰苦努力，最终成为一代伟人。

点评：勤能补拙是良训，一分辛苦一分才。世间又有多少人像那个贼人一样，虽有些小聪明却一事无成、不知所终？真是让人警醒！

第一课

大显身手

《论语·季氏》有一章是描写孔子教育自己的儿子孔鲤的情节：有一天，孔子站在院子里，孔鲤快步经过庭院。孔子问："学《诗》了吗？"孔鲤回答说："没有。"孔子说："不学《诗》，没有用来应答的文辞。"（先秦读书人认为《诗经》语言优美，富于哲理，是表达交流的最好素材，否则语言干瘪而无文采。）孔鲤退回房间老实去学《诗》。又一天，孔子又站在院子里，孔鲤快步穿过庭院。孔子叫住了他："学《礼》了吗?"孔鲤回答说："没有。"孔子说："不学《礼》，就无法立足于这个社会。"孔鲤退回房间去学《礼》。（原文："尝独立，鲤趋而过庭。曰：'学《诗》乎?'对曰：'未也。''不学《诗》，无以言。'鲤退而学《诗》。他日，又独立，鲤趋而过庭。曰：'学《礼》乎?'对曰：'未也。''不学《礼》，无以立。'鲤退而学《礼》。"）

唐代韩愈《符读书城南》诗："两家各生子，提孩巧相如。少长聚嬉戏，不殊同队鱼。三十骨骼成，乃一龙一猪。"

宋代皇帝赵恒写了一首非常有名的《劝学诗》，流传至今。全诗如下：

> 富家不用买良田，书中自有千钟粟；
> 安居不用架高堂，书中自有黄金屋；
> 出门莫恨无人随，书中车马多如簇；
> 娶妻莫恨无良媒，书中自有颜如玉；
> 男儿若遂平生志，六经勤向窗前读。

从《论语》中孔子对儿子学习的态度到唐代韩愈《符读书城南》诗、宋代皇帝写的《劝学诗》，其中关于学习和读书的态度有什么不同，请仔细研究看看。

《劝学诗》中"万般皆下品，唯有读书高"的价值取向一直深深影响着中国人，也成为无数读书人的动力源泉。然而在当今社会，这种"唯有读书高"的价值取向在市场经济中受到强烈冲击，读书不意味着就能有黄金屋，因而"读书无用论"泛滥。请仔细阅读下面广州商学院杨期卫同学创作的三幅漫画，围绕漫画表达的主题，以《读书到底为了什么》为题写一篇小文章。

善学医愚——为学之用

第一课

图1

图2

图 3

第一课

不 能 保 佑

小杰英语学得很差。期末考试前，他去庙里烧香，乞求菩萨保佑自己考个好成绩。

菩萨摇摇头说："考试是你的事，应该自己去努力，不能依赖别人。"

小杰听了嘴一噘："别人有事求你，你都答应显灵保佑，为啥我的事就推脱不管呢？"

菩萨红着脸说："不是我不想帮你，实在是因为我不懂英语呀！"

点评：求人不如求己。没有过程的艰辛，却希望通过祈求菩萨保佑有好结果，这不是缘木求鱼吗？

书 的 作 用

有个漂亮姑娘，不管出门干什么都要带一本书，许多人都称赞她爱学习。她说："才不呢，我带书是给别人看的。我每天拿不同的书在手里，为的是搭配衣服的颜色。"

点评：书的确可以装点门面，但如此用书，就是买椟还珠了。

班 师 回 朝

语文课上，老师问："谁知道'班师回朝'指的是什么？"

阿强立刻起身答道："指的是打了败仗。"

老师一脸疑惑，问道："为什么这么说啊？"

阿强得意地说："都搬尸体回去了，不是打了败仗是什么？"

点评：不求甚解，必会贻笑大方。

这回买错了

一笔100万元的赛马奖金被一个白痴获得。众人不解，问白痴："你是怎样买赛马奖券的？"

白痴说："我连续三天梦到7这个数字，3×7=24，所以我买了第24号赛马奖券，一下中了。"

众人大惊："3×7=21，怎么会是24呢？"

白痴也吓了一跳："真的？这回买错了，下次买21号。"

点评：靠运气稀里糊涂获得成功的人，其失败是迟早的事情。

名人的错误

一女生演戏一举成名。一天，她面对成千上万的戏迷，把"酗酒"说成了"凶酒"，弄得戏迷们目瞪口呆。她的老师知道后，叹息说："这个错误原来只有我一个人知道，现在倒好，全中国人都知道了。"

点评：读书不能保证每个人都能获得成功，但起码可以避免闹笑话。

善学医愚——为学之用

自 我 评 价

1. 读书百遍

	经典撷英	经典名篇	古文初读
朗读次数			
背诵数量	_____句	_____首	_____篇

2. 其义自现

① 能够理解的经典名句有_____句。

② 最喜欢的经典名句有_____句。

③ 把你喜欢的经典名句抄写或默写在下面的横线上。

_____

_____

_____

3. 学以致用

学完这一课，你想到了什么？明白了什么？把你想到的写下来，字数不限。

第二课　学无止境——为学之道

　　清代刘开在《问学》一文中说："理无专在，而学无止境也，然则问可少耶？"意思是说，真理不是只在某些人手里，学习是没有止境的，那么"问"可以少得了吗？"学无止境"既是我们学习时应有的心态，也是我们精益求精的追求目标。

　　有人问爱因斯坦："您可谓是物理学界空前绝后的人才了，何必还要孜孜不倦地学习？何不舒舒服服地休息呢？"爱因斯坦并没有立即回答他这个问题，而是找来一支笔、一张纸，在纸上画了一个大圆和一个小圆，说："目前情况下，在物理学这个领域里我可能比你懂得略多一些。正如你所知的是这个小圆，我所知的是这个大圆。然而整个物理学识是无边无际的，对于小圆，它的周长小，即与未知领域的接触面小，它感受到自己的未知少；而大圆与外界接触的周长大，所以更感到自己的未知东西多，会更加努力去探索。"

　　人一生都需要不断学习，联合国教科文组织 1965 年就提出了终身学习（Lifelong Learning）的概念。从幼年、少年、青年、中年直至老年，学习将伴随人的整个生活历程并持续影响人一生的发展。古人云："吾生而有涯，而知也无涯。"当今时代，世界在飞速变化，新情况、新问题层出不穷，知识更新的速度大大加快。人们要适应不断发展变化的客观世界，就必须努力做到活到老、学到老，坚持终身学习。

　　同学们，学习是人一生的追求，也是人生最大的乐趣，我们可不能自我满足而止步不前啊！

"教"与"学"

第二课

现代汉字中的"教",一边是"孝",一边是"攵",现代人由此衍生出所谓"教"就是学习"孝"顺、学习"文"化,并引用《弟子规》开篇"首孝弟,次谨信。泛爱众,而亲仁。有余力,则学文"作为证明。事实上,"教"的字本义与"孝"无关,右边的"攵"也不是表示文化。要证明这一点,我们需要利用商代甲骨文、金文等古文字形来加以说明。

"教"的甲骨文字形左边表示孩子算数用的小棍子,就是"子"字的象形,是手持小棍的象形,后发展到现代汉字中的"攵"。

这个字合起来表示一个孩子拿着小棍正在学算数，旁边一只握着棍子的手高高扬起，像在体罚孩子。可见，从"教"的古文字形中可以看出古人崇尚严教和适当体罚，所以《三字经》里还有"教不严，师之惰"的提法。

我们从"学"的甲骨文字形 也可以看出，和"教"一样，"学"字中的 也表示算数用的小棍子，而 表示捧着棍子的左右两手。到了金文中，则是加上了房子 和在房子里的孩子 ，以及手持棍棒图样的 。

可见，从字形上来看，无论是"教"还是"学"，都少不了老师或家长手中高高扬起的教鞭，这也从侧面体现出"棍棒底下出好人"的中国传统教育理念。

教 —— 教 —— 教 —— 教

学 —— 学（学）—— 学（学）—— 学（學）

学无止境——为学之道

经典撷英

1. 我非生而知之者。好古，敏以求之者也。 ——《论语·述而》

2. 吾尝终日不食，终夜不寝，以思，无益，不如学也。

——《论语·卫灵公》

3. 默而识之，学而不厌，诲人不倦。 ——《论语·述而》

4. 学而时习之，不亦说乎？ ——《论语·学而》

5. 学如不及，犹恐失之。 ——《论语·泰伯》

6. 吾生也有涯，而知也无涯。 ——《庄子·养生主》

7. 学不可以已。 ——《荀子·劝学》

8. 路漫漫其修远兮，吾将上下而求索。

——〔战国·楚〕屈原《离骚》

9. 学然后知不足，教然后知困。 ——《礼记·学记》

10. 博学而不穷，笃行而不倦。 ——《礼记·儒行》

11. 人有知学，则有力矣。 ——〔东汉〕王充《论衡·效力篇》

12. 少而好学，如日出之阳；壮而好学，如日中之光；老而好学，如炳烛之明。 ——〔西汉〕刘向《说苑》

13. 学之广在于不倦，不倦在于固志。

——〔东晋〕葛洪《抱朴子·崇教》

14. 三更灯火五更鸡，正是男儿读书时。黑发不知勤学早，白首方悔读书迟。 ——〔唐〕颜真卿《劝学》

15. 人不可以不学，犹鱼不可以无水。

——〔南宋〕陆九渊《与黄循中》

16. 博观而约取，厚积而薄发。 ——［北宋］苏轼《稼说·送张琥》

17. 饥读之以当肉，寒读之以当裘，孤寂而读之以当友朋，幽忧而读之以当金石琴瑟也。 ——［南宋］尤袤

18. 读书不放一字过，闭户忽惊双鬓秋。

——［南宋］陆游《寄题吴斗南玩芳亭》

19. 少年易老学难成，一寸光阴不可轻。未觉池塘春草梦，阶前梧叶已秋声。 ——［南宋］朱熹《偶成》

20. 人无贤愚，非学曷成？ ——［清］陆以田《四箴》

读一读，记得更牢哦！

学无止境——为学之道

孔子曰："生而知之者，上也；学而知之者，次也；困①而学之，又其次也；困而不学，民斯②为下矣。"

——《论语·季氏》

【注释】

①困：困境，处于困境之中。
②斯：则、就。

【智慧点睛】

孔子这段话对今天的我们依然很有启迪。孔子根据天赋和学习态度将人划分为四个等级，其中，"生而知之者"具有非凡的天赋，也就是今天所说的天才人物，但这种人可遇不可求；"学而知之者"虽然没有什么突出的天赋，但通过刻苦学习仍可以成为有用的人才，这也是我们绝大部分人的努力方向；"困而学之者"在遭遇困境时才知道努力学习，临时抱佛脚当然不值得提倡，但亡羊补牢总比自暴自弃要好；最后还有一种"困而不学者"，遇到问题只知道怨天尤人，而不知从错误中学习、从困境中提高，这种人必将一事无成。

你认为孔子是哪种人？以我们的看法，他当然应该属于天才的级别，是"生而知之者"。可他自己不这样认为，在《论语·述而》篇里他曾说："我非生而知之者，好古，敏以求之者也。"圣人尚且如此，我们普通人哪能不努力"学而知之"呢？

　　战国时期的荀子在《劝学》篇开头就说"学不可以已"，告诉我们学习不可以停止。孔子曾说："学而不已，阖棺而止。"终身教育的积极倡导者和奠基者、法国当代教育家朗格朗认为，教育和训练的过程并不随学校学习的结束而结束，而是应该贯穿于生命的全过程。学习的内容包括身体、智力、情感、社会交往等各个方面。

　　古今的中外名人名言都在告诉我们，"学无止境"应该是我们终生追求的目标。同学们，为什么要"终身学习"呢？请谈谈你的看法。

学无止境——为学之道

炳 烛 而 学

晋平公①问于师旷曰:"吾年七十, 欲学, 恐已暮②矣。"师旷曰: "何③不炳烛乎④?"平公曰:"安有为人臣而戏其君乎⑤?"师旷曰:"盲 臣安敢戏其君⑥? 臣闻之: 少⑦而好⑧学, 如日出之阳⑨; 壮⑩而好学, 如 日中之光; 老而好学, 如炳烛之明⑪。炳烛之明, 孰与昧行乎⑫?"平公 曰:"善哉!"

——《说苑·卷三·建本》

【注释】

①晋平公: 春秋时晋国的国君。

②暮: 晚。

③何: 为什么。

④炳烛: 点燃蜡烛照明。炳, 点燃。乎: 呢。

⑤安有: 哪有。为人臣: 做臣子的。戏: 戏弄。

⑥盲臣: 师旷是盲人, 故自称是"盲臣"。安敢: 怎敢。

⑦少: 年轻的时候。

⑧好: 喜欢, 喜好。

⑨阳: 阳光。

⑩壮: 壮年, 古人三十岁以上为壮年。

⑪炳烛之明: 点燃蜡烛照明。

⑫孰与昧行乎: 与摸黑走路比哪个好呢? 昧行, 在黑暗中行走。

第二课

【出处】

《说苑》，又名《新苑》，西汉刘向著，共二十卷，按各类记述春秋战国至汉代的遗闻轶事，每类之前列总说，事后加按语。其中，以记述诸子言行为主，不少篇章中有关于治国安民、家国兴亡的哲理格言，主要体现了儒家的哲学思想、政治理想以及伦理观念。

【古文今义】

晋平公问师旷说："我年近七十想要学习，恐怕已经晚了！"师旷说："为什么不点燃蜡烛来学习呢？"平公生气地说："哪有做臣子的戏弄他的君主的呢？"师旷说："我这个瞎眼的臣子怎敢戏弄我的君主呢！我听说过：年少时喜欢学习，就像是太阳刚刚出来时的阳光；壮年时喜欢学习，就像是正午时的阳光；老年时喜欢学习，就像是点燃蜡烛照明一样。点燃蜡烛照明与摸黑走路比哪个更好呢？"平公说："说得好啊！"

学无止境——为学之道

想一想：

1. 这个故事告诉我们一个什么道理？用一句话概括出来。

2. 少年、壮年、老年，不同年龄阶段在学习上有何不同的表现？

3. 请运用网络工具查找英国贾斯汀·查德维克导演的电影《一年级生》，和同学们一起观看并讨论：剧中最老的一年级学生马鲁格是为什么以及怎样争取到学习权利的？

第 二 课

水 满 则 溢

从前，有一个小和尚离开家乡到处寻找名师，想得到一些真正的修为。后来，他终于找到了一位高僧，并恳求师父收他为弟子。高僧见他一片诚心，又天资聪慧，便收下了他。两年后，小和尚自以为已得到了师父的真传，于是就向师父辞行。高僧明白小和尚的心思，并没有阻拦小和尚下山，而是让小和尚拿来一个钵子，然后让他往里面装一些石头，装满为止。高僧问小和尚："钵子装满了吗？"小和尚答："满了，再也装不下什么东西了。"高僧便抓了一把芝麻撒进去，然后晃了晃钵子，芝麻一会儿就不见了。"钵子装满了吗？"高僧再次问小和尚。小和尚惭愧地告诉师父："看上去满了，可是还能装下很多东西。"这时，高僧又取来一只杯子，让小和尚往里面倒水。小和尚看钵子满了，就想停止倒水。高僧却说："不要停，继续倒。"结果，钵子倒满了水后，多余的水都溢了出来。高僧这时候才让小和尚停止倒水，然后问他："满了还装得下别的东西吗？"小和尚明白了师父的一片苦心，请求师父原谅他的无知。

点评：满则溢，这是学习的最大敌人。只有那些总是抱着虚己之心的人，才把生命当作学习的道场，时时学习，处处进步。

薛 谭 学 讴

秦国有一个叫薛谭的青年歌手，为提高唱歌本领，便投在秦国歌唱家秦青的门下学习。薛谭还没有学尽秦青的技艺，就自认已经全部

学无止境——为学之道

学会了，踌躇满志地要去独闯江湖，于是计划结束学习。

面对自满的学生，秦青没有批评、制止，不仅同意了薛谭的请求，为其举办了隆重的结业仪式，而且还亲自出城送别。眼看薛谭就要离去，更不知何日能再聚，秦青心中不禁泛起不舍之情，于是取出随身携带着的叫"节"的打击乐器，拍拍打打地敲了起来，又紧随这敲打出来的节奏纵情引吭高歌，他把自己对离别的伤感倾泻在歌声里。只见，秦青激昂的歌声，把大道附近树林里的大树震荡得枝摇叶晃；秦青高亢的歌声，直冲九霄云天，正在天空飘行的白云遭受强大有力的歌声阻挡，只得停止了飘动。

薛谭第一次亲身感受到老师的歌唱本领如此高强，技艺如此绝伦，发自肺腑地钦佩老师的技艺。薛谭幡然醒悟，明白自己的歌唱水平与老师相比有如地对天。薛谭当即向老师认错，恳求老师允许他重返师门继续学习。

秦青接受了薛谭，师生皆是欢喜。从此以后，薛谭安心学艺，不敢再轻易说自己要毕业回家的话。

原文：薛谭学讴于秦青，未穷青之技，自谓尽之，遂辞归。秦青弗止，饯于郊衢，抚节悲歌，声振林木，响遏行云。薛谭乃谢求反，终身不敢言归。（选自《列子·汤问》）

点评：山外有山，人外有人。在学习的道路上，只有起点，永无终点。

第二课

被打败的博士

有一个博士到了一家研究所，是所里学历最高的人。

有一天，他到单位后面的小池塘去钓鱼，正好正、副所长在他的一左一右，也在钓鱼。

他只是微微点了点头，心想：这两个本科生，有啥好聊呢！

不一会儿，正所长放下钓竿，伸伸懒腰，"噌噌噌"从水面上如飞地走到对面上厕所。

博士眼睛睁得都快掉下来了。"水上飘"？不会吧，这可是一个池塘啊。

怎么回事？博士生又不好去问，自己是博士生呢！过了一阵，副所长也站起来，走了几步，"噌噌噌"地飘过水面去对面上厕所。这下子博士更是差点昏倒：不会吧，到了一个江湖高手集中的地方？

博士生也内急了。如不走水路，要到对面厕所非得绕十分钟，怎么办？

博士生也不愿意去问两位所长，憋了半天后，也起身往水里一跨。只听"咚"的一声，博士生栽入水中。

两位所长将他拉了起来。他问："为什么你们可以走过去呢？"

两位所长相视一笑："这池塘里有两排木桩子，由于这两天下雨涨水正好在水面下。我们都知道这木桩子的位置，所以可以踩着桩子过去。你怎么不问一声呢？"

点评：学历代表过去，只有学习能力才能代表将来。即便是专业知识渊博的博士，也要多向身边同事学习社会知识、背景知识等。

大显身手

下面是三个事例，请仔细阅读，看看他们分别存在什么问题。如果你是心理咨询师，你会怎么开导他们？请任选一个，以朋友的名义写一封信给他们，分析问题并提出你的建议。

1.优等生还要学习吗？

小明是个三年级的学生，在班上成绩总是前三名。同学们都很佩服他，他自己也很得意，认为自己是优等生。慢慢地，他就有了沾沾自喜、骄傲自负的心理，学习不愿拼尽全力，成绩也变得不那么突出了。

2.名牌大学高材生毕业后还需要学习吗？

小张是个名牌大学毕业的高材生，找了一个很不错的工作，领导也非常器重，认为他是单位里不可多得的人才，经常把一些重要任务交给他。小张为此很自豪，对于那些普通大学毕业的同事有些不屑，工作上也时常大意，不愿意进一步提高自己的业务能力。小李虽然是个大专毕业生，学历上没有任何优势，但他肯努力、爱学习，因而很快就得到了同事、领导的信任，并且比小张更快地得到了升迁机会。为此，小张十分苦恼，认为领导很不公平，和同事关系也很紧张。

3.成功人士退休后还需要学习吗？

张爷爷退休前是个单位的领导，业务能力很强，很受同事们的尊敬和爱戴。退休后，他没有了工作的压力，也没有什么兴趣爱好，忽然觉得自己成天无所事事，身体一天不如一天，对家人的脾气也变得急躁起来，健康状况每况愈下。

第二课

学无止境——为学之道

幽默与讽刺

爷爷真聪明

爷爷从老年大学下课回到家，孙子"噌"地一下搂住爷爷的脖子嚷道："爷爷你真聪明，到退休了才上老年大学。"

爷爷疑惑地问："为啥聪明?"

孙子嘻嘻笑道："你这把年纪才上学，在学校调皮捣蛋没老师敢批评你；考试不及格也没父母打你；而且学校开家长会也没有谁去听老师数落你。"

点评：活到老学到老，难怪爷爷这么"聪明"!

妈妈也要多学习

妈妈："以后不许再说一些莫名其妙的话，听到了吗?"

"这些可都是莎士比亚说的呀!"

"是吗，那以后不许你再和莎士比亚一起玩了。"

点评：妈妈也需要多学习，否则无法跟上孩子进步的脚步。

老师的水平

女儿读初二,地理成绩一直很差。母亲不解地问:"你们班地理老师水平高吗?"

女儿回答道:"不咋样!我问她从巴基斯坦到爱因斯坦有多远,她都答不上来。"

点评:无知的人真可怕。最可怕的是,无知者总觉得他人无知。

有个同学叫王偲

大学时,我们班里有个同学叫王偲。这个"偲"字念cāi。有一次,一位老师头一次点名点到他,便拖长了音说:"王——"坐在前排的几个女生知道老师不认识这个字了,于是一起大声跟老师说:"cāi——"然后,老师很委屈地抬起头来说:"我猜不出来……"

点评:老师终于也有猜不出来的时候,可见老师也得继续学习。

自 我 评 价

1. 读书百遍

	经典撷英	经典名篇	古文初读
朗读次数			
背诵数量	_____句	_____首	_____篇

2. 其义自现

① 能够理解的经典名句有_____句。

② 最喜欢的经典名句有_____句。

③ 把你喜欢的经典名句抄写或默写在下面的横线上。

_____

_____

_____

3. 学以致用

学完这一课，你想到了什么？明白了什么？把你想到的写下来，字数不限。

第三课　乐以忘忧——为学之境

　　"书山有路勤为径，学海无涯苦作舟。"在很多中国人的眼里，学习似乎就必须采取"头悬梁，锥刺股"式的苦行僧方式，毫无乐趣可言。事实真是这样吗？

　　《论语》开篇就说"学而时习之，不亦说乎"，明确提出了快乐学习的观点，认为将学习和实践结合起来必定是快乐的。其实，孔子本身就是一个非常热爱和享受学习过程的人。有一天，有人向孔子的学生子路打听孔子的情况，子路不知如何回答。孔子事后对子路说："你可以告诉他：'孔子这个人呀，发愤学习时忘记了吃饭，快乐得忘记了忧愁，以至于连衰老即将到来也不知道。'"我们要向孔子学习，活到老学到老，努力达到"乐以忘忧"的境界。

　　孔子还说："好之者不如乐之者。"古人云："同师而超群者，必其乐之者也。"即同一个老师的学生中成绩超群的人，必然是乐于学习的。那么，学习乐趣的源泉在哪里呢？

　　学习的快乐，一方面表现为结果的快乐，即通过学习获得进步、取得成就的快乐。古人云："朝为田舍郎，暮登天子堂。将相本无种，男儿当自强。"今天，考取了名校，取得好的考试成绩，做出一道难题，顺利地解决一个问题等，都会令我们兴奋、自豪，产生强烈的成就感，这种快乐是结果的快乐。另一方面，学习的快乐也表现为过程的快乐。求知欲强的学生不仅自觉主动地学习，而且对学习活动十分迷恋，有一股求知的热情和钻研精神。享受学习过程的人，学习早已不是负担，不是苦差事，而是一种极大的乐趣。

　　学海无涯，知之者不如好之者，好之者不如乐之者。驾乐知之舟，乘风破浪，不亦快哉！同学们，让我们珍惜美好的学生时代，好好"享受"学习吧！

第三课

说 "乐"

　　"乐"，甲骨文写作 ，金文作 ，小篆作 ，象形，取像鼓鼙木架形。"鼓鼙"是军中常用的乐器，指大鼓和小鼓。《礼记·乐记》："君子听鼓鼙之声，则思将帅之臣。""乐"的最早意义当指音乐。古代基础教育中，"六艺"（礼、乐、射、御、书、数）中"乐"排第二位，可见音乐在古代教育中的重要地位。在孔子从政思想中，提倡礼乐制度，所谓"兴于诗，立于礼，成于乐"。

　　"乐"的作用是可以调和人与人之间的关系，以达到君臣和敬、长幼和顺、父子兄弟和亲的整个社会完全和谐的目的。《礼记·乐记》：

"乐由中出，礼自外作，乐由中出故静，礼自外作故文。大乐必易，大礼必简。乐至则无怨，礼至则不争。揖让而治天下者，礼乐之谓也。"全面地论述了音乐的作用。孔子自己也是具有很高音乐修养的人。传说，他跟师襄子学习音乐，一首曲子不断钻研，最后能从曲子中看出作曲者的为人和形象。《论语》也记载："子在齐闻《韶》，三月不知肉味。"十分形象地描述了音乐的巨大魅力。

由于"乐"具有愉悦身心、陶冶性情的作用，便引申出了"快乐""安乐"的意思。"快乐"是一种情绪，指人们在感受外部事物时带给内心的愉悦、安详、平和、满足的心理状态。快乐更是一种境界。孔子从学习中获得快乐，"发愤忘食，乐以忘忧"；春秋时期的隐士荣启期从音乐中获得快乐，"鹿裘带素，鼓琴而歌"；春秋时期的老莱子从孝顺中获得快乐，"彩衣娱亲"……正如司马光在《乐》一诗中描述的："吾心自有乐，世俗岂能知。不及老莱子，多于荣启期。"

在学习中，若你做到像孔子那样"发愤忘食，乐以忘忧"，不但不会将学习当作苦差事，而且会从学习中获得最大的快乐和满足。

乐以忘忧——为学之境

1.知之者不如好之者，好之者不如乐之者。

——《论语·雍也》

2.不怨天，不尤人，下学而上达。　——《论语·宪问》

3.博学之，审问之，慎思之，明辨之，笃行之。

——《礼记·中庸·十九章》

4.常玉不琢，不成文章，君子不学，不成其德。

——［东汉］班固《汉书·董仲舒传》

5.人之学，如渴而饮河海，大饮则大盈，小饮则小盈。

——［西晋］傅玄《傅子》

6.好读书，不求甚解，每有会意，便欣然忘食。

——［东晋］陶渊明《五柳先生传》

7.积财千万，无过读书。　　　——［南北朝］颜之推

8.唯书有色，艳于西子；唯文有华，秀于百卉。

——［唐］皮日休

9.窗竹影摇书案上，野泉声入砚池中。少年辛苦终事成，莫向光明惰寸功。　　　——［唐］杜荀鹤《题弟侄书堂》

10.读书不觉春已深，一寸光阴一寸金。不是道人来引笑，周情孔思正追寻。　　　——［唐］王贞白《白鹿洞诗》

11.读书贫里乐，搜句静中忙。　　——［唐］裴说《断句》

12.至哉天下乐，终日在书案。　　——［北宋］欧阳修

13.嗜书如嗜酒，细味乃笃好。

——［南宋］范成大《寄题王仲显读书楼》

14.家贫志不移，贪读如饥渴。　　——［北宋］范仲淹

第三课

15. 别来十年学不厌，读破万卷诗愈美。

——［北宋］苏轼《送任伋通判黄州兼寄其兄孜》

16. 士大夫三日不读书，则义理不交于胸中，对镜觉面目可憎，向人则言语无味。 ——［北宋］黄庭坚

17. 读书譬如饮食，从容咀嚼，其味必长；大嚼大咽，终不知味也。 ——［南宋］朱熹

18. 教人未见意趣，必不乐学。 ——［南宋］朱熹

19. 为学之道，莫先于穷理。穷理之要，必在于读书。读书之法，莫贵于循序而致精。而致精之本，则又在于居敬而持志，此不易之理也。 ——［南宋］朱熹

20. 昨夜江边春水生，艨艟巨舰一毛轻。向来枉费推移力，此日中流自在行。 ——［南宋］朱熹《观书有感》

21. 外物之味，久则可厌，读书之味，愈久愈深。

——［北宋］程颐

22. 少年喜书策，白首意未足。幽窗灯一点，乐处超五欲。

——［南宋］陆游

23. 木落水尽千崖枯，迥然吾亦见真吾。坐对韦编灯动壁，高歌夜半雪压庐。地炉茶鼎烹活火，一清足称读书者。读书之乐何处寻？数点梅花天地心。 ——［元］翁森《四时读书乐》（冬）

24. 养心莫若寡欲，至乐无如读书。 ——［明］戚继光

25. 读书如吃饭，善吃者长精神，不善吃者生疾瘤。

——［清］袁枚《随园诗话》

26. 寒夜读书忘却眠，锦衾香烬炉无烟。 ——［清］袁枚《寒夜》

27. 书味在胸中，甘于饮陈酒。 ——［清］袁枚《遣怀杂诗》

28. 读书如树木，不可求骤长。植诸空山中，日来而月往。露叶既畅茂，烟打渐苍莽。 ——［清］法式善《读书》

乐以忘忧——为学之境

29.细雨无尘驾小车，厂桥东畔晚行徐。奚童悄向舆夫语，莫典春衣又买书？　　　　　　　　　——〔清〕潘际云《厂桥》

30.灵魂欲化庄周蝶，只爱书香不爱花。　　　——〔清〕童铨

31.少年读书，如隙中窥月；中年读书，如庭中望月；老年读书，如台上玩月。皆以阅历之深浅，为所得之深浅耳。　　——〔清〕张潮

32.读未见书，如得良友；读已见书，如逢故人。

——〔清〕左宗棠

33.春读书，兴味长，磨其砚，笔花香。读书求学不宜懒，天地日月比人忙。燕语莺歌希领悟，桃红李白写文章。

——〔民国〕熊伯伊《四季读书歌》（春）

同学们，一起来读一读吧。

第三课

经典名篇

观　书

[明] 于　谦

书卷多情似故人^①，晨昏忧乐每相亲。
眼前直下三千字，胸次^②全无一点尘。
活水源流随处满，东风花柳逐时^③新。
金鞍玉勒^④寻芳客，未信我庐^⑤别有春。

乐以忘忧——为学之境

【注释】

①故人：老朋友。

②胸次：胸中。

③逐时：时序相连。

④金鞍玉勒：华贵的马鞍。

⑤庐：书房。

【古文今义】

书卷多情似老友相逢，无论喜乐都朝暮相随。忍不住一气读下三千文字，一扫胸中郁结的凡尘。源头活水随处荡漾，春风里花红柳绿一天一个模样。踏着华贵马鞍的寻芳贵客，不曾相信我这小小书房别有春光。

【智慧点睛】

该诗盛赞读书的乐趣。作者于谦是明代著名民族英雄、诗人。他生性刚直，博学多闻。这首诗写诗人自我的亲身体会，抒发喜爱读书之情，意趣高雅，风格率直，说理形象，颇有感染力。

第三课

七嘴八舌

学习是苦还是乐，每个人看法都不一样。古人勤学的故事里，大多描写其吃苦的一面，如"悬梁刺股""凿壁偷光"。在这些看似异乎常人的勤学故事里，到底体现了古人什么样的求学精神？在外人看来"苦学""勤学"的背后有没有乐趣？结合自己的学习实践，分小组讨论，"苦学"与"乐学"之间存在何种转换关系？如何在学习中做到"苦中有乐""乐在其中"？

乐以忘忧——为学之境

孔子学琴

　　孔子学鼓琴师襄子①，十日不进②。师襄子曰："可以益③矣。"孔子曰："丘已习其曲矣，未得其数④也。"有间⑤，曰："已习其数，可以益矣。"孔子曰："丘未得其志⑥也。"有间，曰："已习其志，可以益矣。"孔子曰："丘未得其为人⑦也。"有间，有所穆然⑧深思焉，有所怡然⑨高望而远志焉。曰："丘得其为人，黯然⑩而黑，几⑪然而长，眼如望羊⑫，如王四国⑬，非文王其谁能为此也！"师襄子辟席⑭再拜，曰："师盖云《文王操》⑮也。"

——《史记·孔子世家》

【注释】

①鼓琴：弹琴。师襄子：卫国乐师。

②进：前进，此指再学习新的曲子。

③益：加，增加。此意同"进"。

④数：规律，这里指演奏的技巧。

⑤有间：过了一段时间。

⑥志：志趣，意旨。

⑦为人：作曲的人是一个什么样的人。

⑧穆然：默然，沉静深思的样子。

⑨怡然：和悦的样子。怡，高远的样子。

⑩黯：深黑。

⑪几：通"颀"，颀长。

⑫望羊：亦作"望洋"，远视的样子。

⑬四国：四方，天下。

⑭辟席：辟，通"避"。辟席，即"避席"。古人席地而坐，离座而起，表示敬意。

⑮《文王操》：周文王作的琴曲名。

【出处】

《史记》是中国历史上第一部纪传体通史，最初称为《太史公书》，或《太史公记》《太史记》。作者是西汉时期的司马迁，历十余年而完成。《史记》规模巨大，体系完备，对此后的纪传体史书影响很深，历朝正史皆采用这种体例撰写。

乐以忘忧——为学之境

【古文今义】

孔子向师襄子学琴，学了十天仍没有学习新曲子。师襄子说："可以增加学习内容了。"孔子说："我已经熟悉乐曲的形式，但还没有掌握方法。"过了一段时间，师襄子说："你已经学会弹奏的技巧了，可以增加学习内容了。"孔子说："我还没有领会曲子的意境。"过了一段时间，师襄子说："你已经领会了曲子的意境，可以增加学习内容了。"孔子说："我还不了解作者。"又过了一段时间，孔子神情俨然，仿佛进到新的境界：时而庄重穆然，若有所思；时而怡然高望，志意深远。孔子说："我知道他是谁了。那人皮肤深黑，体形颀长，眼光明亮远大，像个统治四方诸侯的王者，若不是周文王还有谁能撰作这首乐曲呢？"师襄子听到后赶紧起身而拜，答道："我的老师也认为这的确是《文王操》。"

想一想：

1. 孔子在学会一首曲子之后为何迟迟不肯学习新的内容？
2. 孔子为何能坚持弹奏一首曲子直至达到很高的水平？
3. 在学习中，比如学弹琴、舞蹈等，我们很容易感到枯燥乏味，怎样才能把它变成一件很快乐的事情呢？请用亲身经历来说明。

乐以忘忧——为学之境

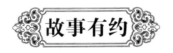

第三课

陶弘景菜园求学

古时候，人们对自然界产生了很多误区。人们相信蜾蠃（一种寄生蜂）将螟蛉（一种绿色小虫）变成自己的儿子的荒唐传说，还把蜾蠃的"儿子"叫作"螟蛉义子"。陶弘景对此表示怀疑，他在村边的菜园里找到一窝蜾蠃，蹲在菜地里聚精会神地整天观察。经过许多天细致的观察，陶弘景终于揭穿了蜾蠃衔螟蛉的秘密：原来蜾蠃也有雄也有雌，它们生产自己的后代，螟蛉是被蜾蠃衔到窝里给幼虫当食物的，根本不存在"螟蛉义子"这回事！从此，陶弘景认识到：凡事最好亲自观察，绝不能人云亦云。

点评：尽信书则不如无书，书中知识不可盲从。在大自然中观察、思考，这是更加直接的学习形式，其中的乐趣也更加直接、深刻。

王 冕 学 画

古代，有一位著名的画家王冕，幼年家境贫寒，很小就辍学了，靠给地主放牛帮父母减轻负担。

王冕非常喜欢画画，但是家里没有钱供他买画笔和颜料，他只能用木棍在沙地上面画，却画得特别认真。有一天下午，雨过天晴，王冕在湖边放牛，微微的湖风吹动碧绿的荷叶，将荷花的清香吹遍四野，荷叶上面晶莹的水珠在阳光的照耀下泛出耀眼的七彩光芒。当牛儿在湖边吃草的时候，王冕就蹲在一边用木棍画画，巧妙的笔法将眼前的景象画得栩栩如生，他愈加欢喜。在有了积蓄之后，他就买来了画笔和颜料，放牛的时候随身携带，只要一有时间就拿出来画。因为他对画画的热爱和认真态度，没过几年就闻名乡里，并在不懈努力下最终取得了巨大的成功，受到很多人的仰慕。

点评：热爱是最好的老师。能做到这样，必定是尝到了学习的乐趣。

乐以忘忧——为学之境

大显身手

英国著名哲学家培根曾说："读书给人以乐趣，给人以光彩，给人以才干。""读书补天然之不足，经验又补读书之不足，盖天生才干犹如自然花草，读书然后知如何修剪移接。"精辟地论述了读书的功用。

关于读书，古人曾写过一副对联。请标出声调，再大声读出来，并说说表示的意思：

好（hao）读书，不好（hao）读书。

好（hao）读书，不好（hao）读书。

对于那些"好（hao）读书"，又"好（hao）读书"的人来说，读书是人生一大乐事。如宋元时期的翁森就写过《四时读书乐》，分别以春夏秋冬为背景，描写四个季节的读书之乐。摘录其中重要句子如下：

读书之乐乐何如，绿满窗前草不除。

读书之乐乐无穷，拨琴一弄来熏风。

读书之乐乐陶陶，起弄明月霜天高。

读书之乐何处寻，数点梅花天地心。

请查阅这四首诗的完整版，然后写在下面的横线上，并大声朗读，体会作者描述的读书之乐。

乐以忘忧——为学之境

囊(náng)萤映雪

    "囊萤映雪"的故事,可谓人尽知矣。《晋书·卷八十三·车胤传》说车胤(yìn)勤奋读书,但家贫没有灯油,只好夏天捕几十只萤火虫放进手绢里用萤光照明,夜以继日苦读。后来,他以寒素博学知名于世。《尚友录》则说的是孙康,少好学,家贫无油,于冬月常映雪读书。这样,车胤和孙康就成了用功读书的模范,二人的模范事迹从晋朝传到了明朝。千百年来,一代代读书人都一直受到这两个励志故事

的教育，从来没有人去质疑其中的可信程度。不过，到了明朝末年，有个叫"浮白主人"的人，在他写的笑话集《笑林》里把"囊萤映雪"的故事"戏说"了一番。

在这个笑话里，他让车胤和孙康变成了一对朋友。有一年夏天，正是萤火虫四处飞舞的季节，孙康去看望车胤，却不见车胤在家里读书。孙康问车胤的家人："车兄哪里去了？"家人回答说："去井台边草丛里捉萤火虫去了。"到了冬天，车胤回访孙康，刚到孙康的村口，远远地就看见孙康站在门外，久久地仰着头望着天空。车胤不解，走近后问道："这么好的时光，孙兄为何没有用来读书呢？"孙回答说："我观察了好久，这个天气不像要下雪的样子，今天恐怕是读不成了。"

点评：虽然是笑话，却一下子就把千百年的美谈给彻底地"解构"和颠覆了。这两个读书模范，一个是大白天去捉萤火虫，到夜里靠萤光再用功；一个是晴天不读书，单等雪天靠雪光去读书。这哪里是学习，分明是做戏。真正的热爱学习，都是发自内心的，而不是表演给父母、老师和他人看的。

乐以忘忧——为学之境

自 我 评 价

1. 读书百遍

	经典撷英	经典名篇	古文初读
朗读次数			
背诵数量	_____句	_____首	_____篇

2. 其义自现

① 能够理解的经典名句有_____句。

② 最喜欢的经典名句有_____句。

③ 把你喜欢的经典名句抄写或默写在下面的横线上。

_____

_____

_____

3. 学以致用

学完这一课，你想到了什么？明白了什么？把你想到的写下来，字数不限。

第四课　不耻下问——为学之德

　　清代散文家刘开在《问说》一篇中指出："君子之学必好问。问与学，相辅而行者也。非学无以致疑，非问无以广识；好学而不勤问，非真能好学者也。"可见，"问"是通往学习殿堂的必经之路。古人治学，强调"学"与"问"相辅相成的关系，同时也强调不但要向"上"学，还要朝"下"问，这样才能做到"好问则裕"。

　　在"问"的对象中，古人尤其重视"不耻下问"。"不耻下问"意即向地位比自己低、学识比自己浅的人请教也不感到羞耻，通常用来形容虚心好学。这一成语最早出现在《论语·公冶长》中，孔子的学生子贡问："为什么孔文子这个人死后的谥号叫作'文'呢？"（古人死后，后人根据他生前的德行给他追加的名号叫谥号）孔子回答说："他聪明好学，向不如自己的人请教不以为耻，所以被谥为'文'。"事实上，孔子自己也是不耻下问的典范。相传，孔子曾经向八岁的项橐请教。《三字经》里有这样的记载："昔仲尼，师项橐，古圣贤，尚勤学。"

　　在学习中，我们不但要"不耻下问"，还要做到"多问""善问"。勇于提出问题的人，说明他能将学与思结合起来，做到勤学好问。所以说，学问学问，既是"学"来的，也是"问"来的。"问"常常是打开知识殿堂的金钥匙，是通向成功之门的铺路石。

　　当然，在"好问"的同时，学习始终是第一位的。现代革命家谢觉哉曾说："好问，是好的。……如果自己不想，只随口问，即使能得到正确答复，也未必受到大益。所以'学问'二字，'问'放在'学'的下面。"（引自《不惑集》）

　　同学们，你是一个"好问"而且"善问"的人吗？

说 "耻"

　　"耻"，古写作"恥"，从耳从心。古人认为人心有惭愧之意就会表现出面红耳赤之态，故"恥"字用"耳""心"合起来表示这个耻辱之意，是个会意字。汉代，碑文中才出现了"耻"的写法，后通用至今。在"耻"这一写法中，"耳"表示字的意义，"止"表示字的读音，是个形声字。中国封建社会时期，用"礼义廉耻"作为全社会的道德要求，也是维系国家兴亡的重要准则。"耻"既有指不道德的动机和行为，比如偷盗、抢劫等犯罪行为，也可以指自身尊严受到伤害。

　　古人说："好学近乎知（智），知耻近乎勇。"耻，人之为人的底线。它是立身做人、修炼人格的一个重要标准，也是衡量是非、忠奸、曲直的一个标尺。孟子说："无羞恶之心，非人也。"朱熹解释道："耻者，吾所固有羞恶之心也。有之则进于圣贤，失之则入于禽兽。"从耻食周粟的伯夷叔齐，到无颜面对江东父老的项羽；从耻为亡国奴的文天祥，到拒绝为美国服务的钱学森……无数可歌可泣的事迹，无数傲骨铮铮的人物，都体现了中国文化中的耻感意识。

虚心向他人请教，我才不会面红耳赤呢！

不耻下问——为学之德

经典撷英

1. 三人行必有我师焉，择其善者而从之，其不善者而改之。

—— 《论语·述而》

2. 知之为知之，不知为不知，是知也。　—— 《论语·为政》

3. 敏而好学，不耻下问。　—— 《论语·公冶长》

4. 好问则裕，自用则小。　—— 《尚书·仲虺之诰》

5. 善待问者如撞钟，叩之以小则小鸣。　—— 《礼记·学记》

6. 尽信书，则不如无书。　—— 《孟子·尽心下》

7. 知而好问，然后能才。　—— 《荀子·儒效》

8. 不知则问，不能则学。　—— 《荀子·非十二子》

9. 不能则学，不知则问。　—— ［西汉］韩婴 《韩诗外传》

10. 不目见口问，不能尽知也。不学自知，不问自晓，古今行事，未之有也。　—— ［东汉］王充

11. 劳谦虚己，则附之者众；骄慢倨傲，则去之者多。

—— ［东晋］葛洪

12. 读书无疑者须教有疑，有疑者却要无疑，到这里方是长进。

—— ［南宋］朱熹

13. 读而未晓则思，思而未晓则读。　—— ［南宋］朱熹

14. 知不足者好学，耻下问者自满。

—— ［北宋］林逋《省心录》

15. 问学必有师，讲习必有友。　—— ［北宋］陆佃

第四课

16.读书不寻思，如迅风飞鸟之过前，响绝影灭，亦不知圣贤所言为何事，要作何用。惟精心寻思，体贴向身心事物上来，反覆考验其理，则知圣贤之书，一字一句皆有用矣。　　　——［明］薛宣

17.问与学，相辅而行者也，非学无以致疑，非问无以广识。
　　　　　　　　　　　　　　　　——［清］刘开《问说》

18.凡理不疑必不生悟，惟疑而后悟也。小疑则小悟，大疑则大悟。　　　　　　　　　——［清］唐彪《读书作文谱》

19.读书须好问，一问不得，不妨再三问，问一人不得，不妨问数十人。　　　　　　　　　　——［清］郑板桥

读一读，会记得更牢哦。

不耻下问——为学之德

经典名篇

　　曾子①曰："以能问于不能，以多问于寡②；有若无③，实若虚④，犯而不校⑤，昔者吾友⑥尝从事于斯矣。"

——《论语·泰伯》

【注释】

　　①曾子：孔子的学生。

　　②多：指学问多。寡：指学问少。

　　③有：指有能力。无：指无能力。

　　④实：知识充实、丰富。虚：知识贫乏，空虚。

　　⑤校：计较。

　　⑥友：古时指学友、同学。

【智慧点睛】

　　孔子的教学风格是鼓励学生随时提问、随时作答，因此孔子最优秀的学生子路、子贡等都是属于特别爱提问的。问不但能够解决自身的疑问，还可以引导被提问者进一步思考。

第四课

1.有教养的头脑的第一个标志就是善于提问。

——［俄］普列汉诺夫

2.好问的人，只做了五分钟的愚人；耻于发问的人，终身为愚人。

——［美］加菲劳

分小组讨论，勤学与好问有什么关系？怎样做一个好问的人？

_____

_____

_____

_____

_____

不耻下问——为学之德

李生论善学者

方银官

　　王生好学而不得法①。其友李生问之曰："或②谓君不善学，信乎？"王生不说③，曰："凡师之所言，吾悉④能志⑤之，是不亦善学乎？"李生说之曰："孔子云'学而不思则罔'，善学贵善思。君但志之而不思之，终必无所成，何以谓之善学也？"王生益⑥愠，不应而还(xuán)⑦走。居五日，李生故⑧寻王生，告之曰："夫善学者不耻下问，择善者从之，冀⑨闻道也。余一言去未尽，而君变色以去，几欲拒人千里之外，岂善学者所应有邪？学者之大忌，莫逾自厌⑩，盍（hé）⑪改之乎？不然，迨（dài）⑫年事蹉跎，虽欲改励，恐不及矣！"王生惊觉，谢⑬曰："余不敏⑭，今日始知君言之善。请铭之座右，以昭炯戒⑮。"

【注释】

①法：方法。

②或：有的人。

③说：通"悦"，高兴。

④悉：全部。

⑤志：记住。

⑥益：更加。

⑦还：通"旋"，转身。

⑧故：特意，故意。

⑨冀：希冀，希望。

⑩厌：满足。

⑪盍："何不"的合音。

⑫迨：等到。

⑬谢：道歉。

⑭不敏：不聪明。古代人用来称呼自己，表示谦虚的词。

⑮炯戒：明显的警戒。

【古文今义】

王生喜欢学习却得不到方法。他的朋友李生问他说："有人说你不善于学习，是真的吗？"王生不高兴，说："凡是老师所讲

不耻下问——为学之德

的，我都能记住，这难道不是善于学习吗？"李生劝他说："孔子说'学而不思则罔'，学习贵在善于思考。你只是记住老师讲的知识，但没有去思考，最终一定不会有什么成就，怎么能说你善于学习呢？"王生更加生气，不回答李生的话，自己转身就跑开了。过了五天，李生特地找到王生，告诉他说："那些善于学习的人不把向地位比自己低的人请教当成耻辱，选择别人好的地方学习，希望听到真理啊！我的话还没说完，你就变了脸色离开，几乎要拒人千里之外，难道是善于学习的人所应该具有的吗？学习最忌讳的事，莫过于满足自己所学的知识，你为什么不改正呢？如果你现在不改正，等到你年纪大了，即使想改过自勉，恐怕也来不及了！"王生这才醒悟过来，道歉说："我真不聪明，现在才知道你说得对。请允许我把你的话当作座右铭，用来告诫自己。"

想一想：

1. 王生是个善于学习的人吗？

2. 李生批评王生学习上存在哪些问题？

3. 请你利用学过的有关学习的经典名言来劝说王生。

把自己的杯子放低一些

一个苦闷的年轻人来到一座寺院，对住持说："我一心要学画画，但至今也没有找到一个能令我满意的老师。"

住持笑笑："你真找不到一个自己满意的老师吗？"年轻人叹了口气："许多人都是徒有虚名，有的画技还不如我呢！"住持听了，淡淡一笑说："老僧也颇爱收集一些名家精品。既然施主的画技不比那些名家逊色，就烦请为老僧留下一幅墨宝吧。"于是吩咐一个小和尚拿了笔、墨、砚和一沓宣纸。

住持说："老僧喜爱那些造型流畅的古朴茶具，施主可否为我画一个茶杯和一个茶壶？"

不耻下问——为学之德

年轻人说："这还不容易？"铺开宣纸，寥寥数笔就画出一个倾斜的水壶和一个造型典雅的茶杯，水壶的壶嘴正吐出一脉茶水徐徐注入茶杯中。

年轻人问："这幅画您满意吗？"住持摇了摇头："你画得不错，只是把茶壶和茶杯放错了位置，应该是茶杯在上、茶壶在下呀！"年轻人笑道："哪有茶壶往茶杯注水，却茶杯在上、茶壶在下的？"

住持微微一笑："原来你懂得这个道理啊！你渴望自己的杯子能注入那些绘画高手的香茗，却总把自己的杯子放得比那些茶壶还高，香茗怎能注入你的杯子里呢？"

点评：江海之所以能为百川之王，是因为自己身处的位置低。放开心胸和肚量，学会适当地保持低姿态——把自己的杯子放低一点，我们就能够拥有很多！

张良虚心请教

《史记·留侯世家》记载：秦朝末年，张良在博浪沙刺杀秦始皇没有成功，便逃到下邳隐居。一天，他在镇东石桥上遇到一位白发苍苍、胡须长长、手持拐杖、身穿褐色衣服的老人。老人的鞋子掉到了桥下，便叫张良去帮他捡起来。张良觉得很惊讶，心想：你算老几呀？敢让我帮你捡鞋子？张良甚至想举起拳头揍他，但见他年老体衰，便克制住自己的怒气，到桥下帮他捡回了鞋子。

谁知这位老人不仅不道谢，反而大咧咧地伸出脚来，说："替我把鞋穿上！"张良心底大怒：嘿，这糟老头子，我好心帮你把鞋捡回来了，你居然还得寸进尺，要让我帮你把鞋穿上，真是过分！

张良正想脱口大骂，但又转念一想，反正鞋子都捡起来了，干脆好人做到底，于是默不作声地替老人穿上了鞋。张良的恭敬从命，赢得了这位老人"孺子可教"的首肯。又经过几番考验，这位老人终于将自己用毕生心血注释而成的《太公兵法》送予张良。张良得到这本奇书，日夜诵读研究，后来成为满腹韬略、智谋超群的汉代开国名臣。

点评：有些人看上去没有什么本事，不值一提，但当你"不耻下问"之后，你就会发现他们其实有着许多过人之处。如果张良没有摆低姿态，又哪能得到"高人"的指点呢？

不耻下问——为学之德

张曜(yào)拜妻为师

清代咸丰年间有个武官叫张曜，因苦战有功，被提拔为河南布政使。他自幼失学，没有文化，常受朝臣歧视。御使刘毓楠说他"目不识丁"，因此改任他为总兵。张曜从此立志要好好读书，使自己能文能武。张曜想到自己的妻子很有文化，回到家便要求妻子教他念书。妻子说："教是可以的，不过有一个条件，就是要行拜师之礼，恭恭敬敬地学。"张曜满口应承，马上穿起朝服，让妻子坐在孔子牌位前，对她行三拜九叩之礼。从此以后，凡公余时间，张曜都由妻子教他读经史。每当妻子一摆老师的架子，他就躬身肃立听训，不敢稍有不敬。与此同时，他还请人刻了一方"目不识丁"的印章，经常佩戴在身上自警。几年之后，张曜终于成为一个很有学问的人。后来，他在山东做巡抚，又有人参他"目不识丁"，于是他上书请皇上面试，面试成绩使皇上和许多大臣都大为惊奇。张曜在山东任上，筑河堤，修道路，开厂局，精制造，做了不少利国利民之事。因为他勤奋好学，死后皇帝谥他为"勤果"。

点评：能够拜自己的妻子为老师，在现代已是不易，在古代更为难得。正因为张曜有这种不耻下问的博大胸怀，才能成就他后来的博学多才。

众 寡 悬 殊

有个人不学无术，可总爱在孩子们面前逞能。一天，他儿子放学回来在家做语文作业，当写到"众寡悬殊"时不知道是什么意思，就去问父亲。他父亲一看，以教训的口吻训斥道："怎么搞的，都上中学了，这个词还不懂？那是形容旧社会穷人苦，许多寡妇活不下去了，只好悬梁自尽，这就叫'众寡悬殊'。以后呀，学习要多动脑筋。"

点评：我们要做一个好问的人，但首先得问对人。笑话中的父亲不懂装懂，贻笑大方。

三 个 耳 朵

从前，有个文书，常写错字。有一次，县官让他造个花名册，他把"陈"字的耳旁写在右边，结果挨了二十板子。他心想：以后可不能把耳旁写在右边了。不久，他又抄名单，见了个"郑"字，心想：上次因为把耳旁写在右边挨了打，这次可不敢了。于是，他把"郑"字的耳旁写在左边。这次，他又挨了二十板子。他痛得昏昏沉沉，眨眨眼睛，心想：左也不是，右也不是，怎么才对呢？他正在苦恼的当儿，又有人找他写状纸。

"姓啥？"文书问。

"姓'聂'，三个耳的'聂'（繁体字为'聶'）。"

文书慌忙站起来作揖，恳求道："您饶了我吧！我为了两个耳朵，

不耻下问——为学之德

已挨了四十板。这回竟是三个耳，我还活得了吗?"

点评：可笑的文书，难怪会挨板子！这个故事告诉我们，如果不好好学习，可能会赔上卿卿性命。

直 线 最 短

小强特别喜欢钻牛角尖。一天课后，他缠着数学老师问："为什么两点之间直线最短?"

老师被他的问题搞晕了，想了半天，说："如果我把一根骨头扔出去，你认为狗是绕一圈去捡呢，还是直接跑过去呢?"

小强毫不犹豫地说："当然是直接跑过去了。"

老师生气地说："狗都知道的问题，你还一直问什么?"

点评："问""思""学"三者是一个整体。如果只问而不思、不学，难怪老师生气。

它不咬你就代表他原谅你了

有一次，女孩和一个朋友出去玩，地上有只狗，但她没看见，一脚踩狗尾巴上了。那狗"嗷"一声跳起来了，她连忙说："对不起，对不起。"一下子觉得不对劲，又说："Sorry, sorry."结果，旁边一老大爷说："唉，说啥语它都听不懂，它不咬你就代表它原谅你了。"

点评：老大爷可能没有读过多少书，但善解"狗"意。

新叶公好龙

一个部落遭遇了一场可怕的旱灾。部落首领听取了巫师的建议，召集所有人一起求雨。

一个小男孩也来到了求雨现场。当每个人都在求雨的时候，小男孩从背后伸手扯了扯他父亲的衣服，然后问："爸爸，大家在干什么？"父亲向儿子解释说大家在求雨，然后又继续他的祈祷。

小男孩又扯了扯父亲的衣服，问："爸爸，大家在求雨，为什么没有人带伞呢？"

点评：为什么掌握真理的总是孩子？

不耻下问——为学之德

看下面一段材料，从文中找出伽利略成为科学巨匠的原因。想一想，你是不是一个善于提问题的人？记录自己每天所提的问题，尝试着自己思考解决。如果解决不了，记得向师长或同学们请教。

勤学好问的伽利略

17岁那年，伽利略考进了比萨大学医科专业。他喜欢提问题，不问个水落石出决不罢休。

有一次上课，比罗教授讲胚胎学，说："母亲生男孩还是女孩，是由父亲的强弱决定的。父亲身体强壮，母亲就生男孩；父亲身体衰弱，母亲就生女孩。"比罗教授的话音刚落，伽利略就举手说："老师，我有疑问。"

比罗教授不高兴地说："你提的问题太多了！你是个学生，上课时应该认真听老师讲，多记笔记，不要胡思乱想，动不动就提问影响同学们学习！""这不是胡思乱想，也不是动不动就提问题。我的邻居，男的身体非常强壮，可他的妻子一连生了5个女儿。这与老师讲的正好相反，这该怎么解释？"伽利略没有被比罗教授吓倒，继续反问。

"我是根据古希腊著名学者亚里士多德的观点讲的，不会错！"比罗教授搬出了理论根据，想压服他。

伽利略继续说："难道亚里士多德讲的不符合事实，也要硬说对吗？科学一定要与事实符合，否则就不是真正的科学。"比罗教授被问倒了，下不了台。后来，伽利略果然受到了校方的批

评，但是他勇于坚持、好学善问、追求真理的精神却丝毫没有改变。正因为这样，他才最终成为一代科学巨匠。

不耻下问——为学之德

自 我 评 价

1. 读书百遍

	经典撷英	经典名篇	古文初读
朗读次数			
背诵数量	_____句	_____首	_____篇

2. 其义自现

① 能够理解的经典名句有_____句。

② 最喜欢的经典名句有_____句。

③ 把你喜欢的经典名句抄写或默写在下面的横线上。

_____

_____

_____

3. 学以致用

学完这一课，你想到了什么？明白了什么？把你想到的写下来，字数不限。

第五课　锲而不舍——为学之品

《荀子·劝学》："锲而舍之，朽木不折(zhé)；锲而不舍，金石可镂(lòu)。""锲(qiè)而不舍"这一成语即出自于此。"锲"，雕刻的意思。雕刻木头如不能坚持下去，即便是腐朽的木头都没法折断它；如果坚持不放弃，即便坚硬的金属、石头也可以雕刻花纹。

古今中外，大凡有成就的人都有着锲而不舍的精神。相传，大诗人李白小时候常常逃学。一天，李白又逃学闲逛到了郊外一个破茅屋门口。他看见门口坐着一个满头白发的老婆婆，正在磨一根棍子般粗的铁杵(chǔ)。李白走过去好奇地询问，老婆婆告诉他："我要把这根铁杵磨成一根绣花针。"李白惊讶万分："铁杵这么粗，什么时候能磨成细细的绣花针呢？""滴水可以穿石，愚公可以移山，铁杵为什么不能磨成绣花针呢？"老婆婆反问，"只要我下的功夫比别人深，没有做不到的事情。" 老婆婆的一番话令李白很惭愧。回去后，他刻苦学习，后来终于成了名垂千古的"诗仙"。"铁杵磨成针"这个故事同样告诉我们，做什么事情都需要坚持不懈。只要坚持到底，即使再难的事情也有机会做成。

说文解字

说 "锲"

　　"锲",《说文·金部》解释为"锲,镰也",特指镰刀一类的农具,后引申有用刀刻之意。《旧唐书·李百药传》:"锲船求剑,未见其可。"用刀刻在龟甲和兽骨上的文字就是甲骨文。承担刻写文字工作的是当时的贞人,他们不但需要有高超的技术,还需要有超常的毅力和耐心,否则在坚硬如铁的龟甲上无法刻写出数目巨大的蝇头小字。除了文字,古人还十分擅长雕刻玉石。无论是龟甲上刻写文字,还是雕琢玉石,都需要超长的毅力和恒心。因此,《荀子·劝学》:"锲而舍之,朽木不折;锲而不舍,金石可镂。"其中,"锲而不舍"指不断地镂刻,比喻坚持不懈。

　　在清代彭端淑《为学一首示子侄》一文中,用形象的语言讲述了西蜀两个僧人去南海的故事,其中穷和尚有坚定的志向和坚持不懈的精神,最终到达南海。可见,锲而不舍的精神在通往成功的道路上是多么重要。

　　在学习中,若能有锲而不舍的精神,则"金石可镂"。

经典撷英

1. 士不可以不弘毅，任重而道远。　　　　　　　——《论语·泰伯》

2. 冉求曰："非不说子之道，力不足也。"子曰："力不足者，中道而废。今女画。"　　　　　　　——《论语·雍也》

3. 自暴者，不可与有言也；自弃者，不可与有为也。

　　　　　　　　　　　　　　　　——《孟子·离娄上》

4. 虽有天下易生之物也，一日暴之，十日寒之，未有能生者也。

　　　　　　　　　　　　　　　　——《孟子·告子上》

5. 锲而舍之，朽木不折；锲而不舍，金石可镂。

　　　　　　　　　　　　　　　　——《荀子·劝学》

6. 不积跬步，无以至千里；不积小流，无以成江海。

　　　　　　　　　　　　　　　　——《荀子·劝学》

7. 书多笔渐重，睡少枕长新。　　　——[唐] 姚合《别贾岛》

8. 怠者不能修，而忌者畏人修。　　——[唐] 韩愈《原毁》

9. 君子之学也，其可一日而息乎。

　　　　　　　　　　——[北宋] 欧阳修《杂说三首》

10. 勿谓今日不学而有来日，勿谓今年不学而有来年。

　　　　　　　　　　　——[南宋] 朱熹《劝学文》

11. 学无早晚，但恐始勤终惰。

　　　　　　　　　——[南宋] 张孝祥《勉过子读书》

12. 力学如力耕，勤惰尔自知。但使书种多，会有岁稔时。

　　　　　　　　　　　　——[南宋] 刘过《书院》

13. 诗非易作须勤读，琴亦难精莫废弹。

　　　　　　　　——[南宋] 刘克庄《赠玉隆刘道士》

14.或作或辍，一曝十寒，则虽读书百年，吾未见其可也。

——［明］吴梦祥

15.咬定青山不放松，立根原在破岩中。千磨万击还坚劲，任尔东西南北风。

——［清］郑板桥《竹石》

第五课

"书读百遍，其义自见。"跟我一起读吧！

经典名篇

劝 学（节选）

　　积土成山，风雨兴焉。积水成渊，蛟龙生焉。积善成德，而神明自得，圣心备焉。故不积跬(kuǐ)步①，无以至千里；不积小流，无以成江海。骐骥一跃，不能十步；驽马十驾，功在不舍。锲而舍之，朽木不折；锲而不舍，金石可镂②。蚓无爪之利，筋骨之强，上食埃土，下饮黄泉，用心一也。蟹六跪而二螯，非蛇鳝之穴无可寄托者，用心躁也。

——《荀子·劝学》

【注释】

　　①跬步：半步。古时称人行走，举足一次为跬，举足两次为步，故半步叫"跬"。

　　②镂：雕刻。

【智慧点睛】

　　荀子《劝学》篇本段主要论述持之以恒的重要性。雨果也曾说："世人缺乏的是毅力，而非气力。"要想学有所成，没有过人的毅力是无缘成功的。

锲而不舍——为学之品

七嘴八舌

　　古时候，四川的边境有两个和尚，其中一个贫穷，一个富有。穷和尚对富和尚说："我想要去南海，怎么样？"富和尚说："你凭借什么前往呢？"穷和尚说："我只要带一个瓶子和一个饭钵就足够了。"富和尚说："我几年来一直想要雇船南下，还没能够去成呢。你凭什么前往南海！"到了第二年，穷和尚从南海回来了。穷和尚把这件事告诉了富和尚，富和尚脸上露出了惭愧的表情。

　　这个故事选自清代彭端淑《为学一首示子侄》，文章之前总结：

　　"吾资之昏，不逮人也；吾材之庸，不逮人也；旦旦而学之，久而不怠焉，迄乎成，而亦不知其昏与庸也。吾资之聪，倍人也；吾材之敏，倍人也；屏弃而不用，其与昏与庸无以异也。圣人之道，卒于鲁也传之。然则昏庸聪敏之用，岂有常哉！"

　　请大家大声诵读这段话，然后想一想，你觉得穷和尚是靠什么到达南海的？这个故事告诉我们要想成功，需要具备何种品质？

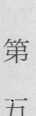

第五课

纪 昌 学 射

　　甘蝇①，古之善射者，彀(gòu)弓②而兽伏鸟下。弟子名飞卫③，学射于甘蝇，而巧过其师。纪昌者，又学射于飞卫。飞卫曰："尔先学不瞬(shùn)④，而后可言射矣。"

　　纪昌归，偃卧(yǎn wò)⑤其妻之机下⑥，以目承牵挺⑦。二年之后，虽锥末倒眦(zì)⑧而不瞬也。以告飞卫。飞卫曰："未也，必学视而后可。视小如大，视微如著⑨，而后告我。"

　　昌以牦(máo)悬虱于牖(yǒu)⑩，南面而望之。旬日之间，浸大⑪也；三年之后，如车轮焉。以睹余物，皆丘山也。乃以燕角之弧、朔蓬之簳(gǎn)⑫射之，贯虱之心，而悬⑬不绝。以告飞卫。飞卫高蹈拊膺(yīng)⑭曰："汝得之矣！"

——《列子·汤问》

【注释】

　　①甘蝇：古代传说中善于射箭的人。

　　②彀弓：拉满弓弦。

　　③飞卫：春秋时期赵国邯郸的著名神射手。

　　④瞬：眨眼。

　　⑤偃卧：仰卧；睡卧。

　　⑥机：这里专指织布机。

　　⑦牵挺：织布机上提综的踏脚板。因其上下动作，故可练目

锲而不舍——为学之品

不瞬。

⑧锥末：锥尖。眦：眼角。靠近鼻子的为内眦，两翼的为外眦。

⑨视微如著：看细微的东西像显著的物体一样。

⑩牦：牛尾毛。牖：窗户。全句指用牛尾毛把跳蚤悬挂在窗户上。

⑪浸大：逐渐变大。

⑫燕角之弧：用燕国出产的牛角做成的弓。朔蓬之簳：用楚国蓬梗做成的箭。朔，当为"荆"字之误。荆，楚国，出产良竹。蓬，蓬草，杆可做箭。簳，箭杆。

⑬悬：用以悬挂的牛尾毛。

⑭膺：胸膛。

【古文今义】

甘蝇是古代一个善于射箭的人，拉开弓，兽就倒下，鸟就落下，百发百中。甘蝇的一个弟子名叫飞卫，向甘蝇学习射箭，但他射箭的技巧却超过了他的老师。纪昌又向飞卫学习射箭。飞卫说："你先学会看东西不眨眼睛，然后我们再谈射箭。"

纪昌回到家里，仰卧在他妻子的织布机下，用眼睛注视着织布机上的脚踏板练习不眨眼睛。几年之后，即使锥子尖刺在他的眼眶上，他也不眨一下眼睛。

纪昌把自己练习的情况告诉了飞卫。飞卫说："这还不够啊，还要学会视物才行。要练到看小物体像看大东西一样清晰，看细微的东西像显著的物体一样容易，然后再来告诉我。"

纪昌用牦牛尾巴的毛系住一只虱子悬挂在窗口，面向南远远地看着它。十天之后，看虱子渐渐大了；几年之后，虱子在他眼里有车轮那么大。用这种方法看其他东西，都像山丘一样大。于是，纪昌用燕地牛角装饰的弓，用北方出产的蓬竹作为箭杆，射那只悬挂在窗口的虱子，从中间穿透了虱子，但绳子没有断。纪昌把自己练习的情况告诉了飞卫。飞卫高兴得手舞足蹈，说道："你已经掌握了射箭的诀窍了！"

想一想：

1.纪昌的老师飞卫告诉他，要想学射箭就得先会什么？

2.纪昌分别用了什么方法来练习？

3.纪昌总共花了几年时间才学有所成？你从中明白了什么？

锲而不舍——为学之品

故事有约

匡衡凿壁借光

　　匡衡很勤学，但家里没有蜡烛，邻居家里有蜡烛却照不到他的房间。于是，匡衡就在墙上打了一个洞来引进烛光，用书映着光来读书。当地有一大户人家叫文不识，家里十分富有，书又很多，匡衡就给他家做雇工，辛苦劳动而不要求报酬。主人感到奇怪，就问匡衡，匡衡回答说："希望可以读遍主人的书。"主人感叹，遂把书借给他，后来匡衡终于成了大学问家。

　　原文：匡衡勤学而无烛，邻居有烛而不逮，衡乃穿壁引其光，以书映光而读之。邑人大姓文不识，家富多书，衡乃与其佣

作而不求偿。主人怪，问衡，衡曰："愿得主人书遍读之。"主人感叹，资给以书，遂成大学。（选自东晋葛洪《西京杂记》）

任末好学勤记

任末十四岁，学习没有固定的老师，背着书箱不怕路途遥远、危险困阻地到处跑。他常常说："人如果不学习，那么凭什么成功呢？"有时，他靠在林木下，用白茅编小草屋，削荆条制成笔，刻划树汁作为墨。晚上，他就在星月下读书，昏暗的话就绑麻蒿来自己照明。如果看到符合心意的文字，他就记在衣服上。一同求学的人十分喜欢他的勤学，便用干净的衣服交换他的脏衣服。任末十分注意挑选学习的内容，不是圣人的言论不看。临死时，任末说："人喜欢学习，即使死了也好像活着；不学的人，即便是活着，只不过是行尸走肉罢了。"

原文：任末年十四时，学无常师，负笈不远险阻。每言："人而不学，则何以成？"或依林木之下，编茅为庵，削荆为笔，刻树汁为墨。夜则映星望月，暗则缕麻蒿以自照。观书有合意者，题其衣裳，以记其事。门徒悦其勤学，更以净衣易之。非圣人之言不视。临终诚曰："夫人好学，虽死犹存；不学者虽存，谓之行尸走肉耳！"（选自东晋王嘉《拾遗记》）

苏格拉底的学问

苏格拉底是古希腊著名的哲学家，对后世的西方哲学产生了极大的影响。曾经有学生问苏格拉底，怎样才能拥有像他那样博大精深的学问。苏格拉底听了，跟学生们说："今天我们只学一件最简单也是最

锲而不舍——为学之品

容易的事，每个人把胳膊尽量往前甩，然后再尽量往后甩。"苏格拉底示范了一遍，说："从今天起，每个人每天做 300 下，大家能做到吗？"学生们都笑着说，这么简单的事谁都会。一个月后，苏格拉底问学生们："上次我要求同学们每人每天做 300 下最简单的动作，哪些同学坚持做了？请举手。"这一次，有百分之九十的同学骄傲地举起了手。不知不觉间一年过去了，苏格拉底又问学生们："哪些同学坚持了甩手运动？"这时，整个教室里只有一个人举起了手，这个人就是后来成为另一位哲学大师的柏拉图。

左宗棠《与陶少云书》写道："学业才识，不日进，则日退。须随时随事，留心著力为要。事无大小，均有一当然之理，即事穷理，何处非学？昔人云：'此心如水，不流即腐。'……果能日日留心，则一日有一日之长进；事事留心，则一事有一事之长进。由此累积，何患学业才识不能及人邪！"

仔细比较，你觉得苏格拉底、左宗棠在强调成就学业、才气的因素中什么是最重要的？从今天起，和同学们一起选择一件容易的事情，比如每天起床后做下蹲运动五次，坚持一周、一个月……看看有多少同学最终能坚持并养成习惯。想一想，你从坚持做的事情中学到了什么？写下来和同学们分享。

锲而不舍——为学之品

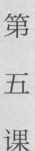

鹦鹉学舌

一养鸟人教鹦鹉说话，每早必教它说："早上好!"过数月，鹦鹉仍不说话。一日，此人心情不佳，未问好，只听鹦鹉大叫："你小子今天牛了啊，连好也不问!"

点评：只要坚持不懈，鹦鹉都能学会人言。

考试前写在桌子上的小抄被擦了

今天考试，我从一个星期前就开始作准备了。我用铅笔把公式写在桌上，可是发现刚写完就被人擦了。只好再写一遍，可是过了一天又被擦掉了。如此重复了几个来回后，我发现我已经背下来了!

点评：莫非这也是一种独特的学习方法？

喝 水 太 少

一个男人走进诊所，告诉医生说他很不舒服。医生给他作了详细检查，然后给他开了三种颜色的药丸，并叮嘱："听着，每天早上起来吃这种红色的，用一大杯凉开水送服；午饭后吃这种蓝色的，用一大杯凉开水送服；睡觉前吃这种黄色的，用一大杯凉开水送服。"

"我究竟是什么毛病？"病人有点担忧地问。

"没什么，你喝水太少。"

点评：生活中，习惯成自然，但很多人就是没办法养成好的习惯，原因就是无法持之以恒。

我长大了要当一名北极探险家

儿子（6岁）："爸爸，我长大了要当一名北极探险家。"

爸爸："好啊，爸爸支持你。"

儿子："可是我想现在开始训练自己。"

爸爸："怎么个训练法？"

儿子："我每天要吃一个冰淇淋。"

点评：这样的坚持不懈，倒是同学们最乐意的事情吧。

锲而不舍——为学之品

自 我 评 价

1. 读书百遍

	经典撷英	经典名篇	古文初读
朗读次数			
背诵数量	_____句	_____首	_____篇

2. 其义自现

① 能够理解的经典名句有_____句。

② 最喜欢的经典名句有_____句。

③ 把你喜欢的经典名句抄写或默写在下面的横线上。

_____

_____

_____

3. 学以致用

学完这一课，你想到了什么？明白了什么？把你想到的写下来，字数不限。

第六课　专心致志——为学之法

　　"专心致志"意指用心专一、聚精会神，把心思全部放在一件事上，通常用来形容非常认真地去做某件事。这一成语出自《孟子·告子上》："今夫弈之为数，小数也，不专心致志，则不得也。"意思是说，当今下棋这种技艺，只是小的技艺，如果不专心致志，则也学不好啊。孟子随后举出事例：弈秋是全国的围棋高手，让弈秋同时教导两个人下围棋。其中，一人专心致志地学习，全神贯注地聆听弈秋的教导；另一个人虽然也好像在听弈秋的教导，但心里总想着有天鹅要飞来，盘算着拉弓箭去把它射下来。虽然两个人同时学习，但后者的学习效率远远比不上前一个人。孟子讲这个故事，就是要告诉大家学习态度是多么重要。这个故事也告诉我们：学习必须专心致志，才能达到事半功倍的效果。

　　同学们，在学习中，你能做到专心致志吗？

用"心"思考

心脏是人体的重要器官，而"心"字也是常用汉字和词汇中的重要一员。由于古人认为心是主要的思维器官，因而这些由"心"构成的字词大多与心理活动、思考、思想等有一定的相关性。《孟子·告子上》："心之官则思，思则得之，不思则不得也。"意思是说，心这个器官的职责在于思考，思考才能获得，不思考便不能获得。

这一意识不但影响了一大批心字旁汉字的产生，而且影响到一批词语的运用。在常用汉字中，"心"放在字的左边叫竖心旁（忄），如"忙、忆、情、性、恨、忧"等；放在字的下边叫心字底（心），如"忘、忍、思、念、想、怒、恳"等；放在下边的还有小心底（小），如"慕、忝、恭"等。在日常语汇中，我们常听到"说心里话""她的心思我猜不出来"这样的话。此外，还催生了一大批与"心"相关的成语，如"心领神会""心心相印""心神不宁"等。

其实，这跟现代的科学研究是相矛盾的。大家都知道，大脑才是我们的思维器官。为何古人会把"心"看作思维器官呢？心理学（严格说来应该称为脑理学）研究证明，情感比思维来得快。尽管人不能用心脏思考，但大脑的思维的确会引起身体的反应，而心脏是身体反应中最直接、最明显的器官。

"用心思考"，这一说法由来已久，它虽然与科学事实相违背，却直观地体现了汉字对古人思想意识和文化生活的记载。当我们学习一个个汉字时，它不只是无意义的笔画集合，而是记载早期历史文化的活化石。同学们，对于这样一种神奇的文字，你是否有很多好奇的问题呢？把你的问题写下来吧。

_____

_____

_____

_____

只要用"心"思考，你一定会想到很多问题的。

专心致志——为学之法

经典撷英

1.发愤忘食，乐以忘忧，不知老之将至云尔。——《论语·述而》

2.今夫弈之为数，小数也，不专心致志，则不得也。

——《孟子·告子上》

3.目不能两视而明，耳不能两听而聪。 ——《荀子·劝学》

4.学不精勤，不如不学。 ——[唐]令狐德棻《周书·李贤传》

5.不患人不知，惟患学不至。 ——[唐]范质

6.学贵专，不以泛滥为贤。 ——[北宋]程颢

7.读书有三到，谓心到，眼到，口到。心不在此，则眼看不仔细，心眼既不专一，却只漫浪诵读，决不能记，记也不能久也。三到之中，心到最急，心既到矣，眼口岂不到乎？

——[南宋]朱熹《训学斋规》

8.读书之法，在循序而渐进，熟读而精思。 ——[南宋]朱熹

9.看文字须大段精彩看，耸起精神，竖起筋骨，不要困，如有刀剑在后一般。就一段中须要透，击其首则尾应，击其尾则首应，方始是。不可按册子便在，掩了册子便忘。 ——[南宋]朱熹

10.读书之法无他，惟是笃志虚心，反复详玩，为有功耳。

——[南宋]朱熹

11.读书切戒在慌忙，涵泳工夫兴味长。未晓不妨权放过，切身须要急思量。 ——[南宋]陆九渊《读书》

12.风声、雨声、读书声，声声入耳；家事、国事、天下事，事事关心。 ——[明]顾宪成

第
六
课

13. 用心不杂，乃是入神要路。　　　　　　　　——〔清〕袁枚

14. 性痴，则其志凝：故书痴者文必工，艺痴者技必良。世之落拓
而无成者，皆自谓不痴者也。——〔清〕蒲松龄《聊斋志异·阿宝》

15. 一心一意万事成，三心二意失良机。　　　　　　——刘一鸣

"书读百遍，其义
自见。"跟我一起
读吧。

专心致志——为学之法

经典名篇

读　书

［南宋］陆九渊①

读书切戒②在慌忙，涵泳③工夫兴味长。
未晓不妨权④放过，切身须要急思量⑤。

【注释】

①陆九渊：南宋著名的理学家和教育家，与朱熹齐名，史称"朱陆"。

②切戒：务必戒掉。

③涵泳：玩味、揣摩。

④权：暂且。

⑤思量：思考。

七嘴八舌

同学们，陆九渊《读书》一诗中提到了哪些读书方法？

英国思想家培根在《论读书》中说："书籍好比食物，有些书浅尝即可，有些可以吞食，只有少数须咀嚼消化，慢慢品味。"所以，有的书只要读其中一部分，有的书只需了解大概内容，而对于少数好书则应当通读、细读、反复读，读时须全神贯注，孜孜不倦。

你平时喜欢用哪些方法读书呢？

_____

_____

_____

_____

专心致志——为学之法

常 羊 学 射

　　常羊学射于屠龙子朱。屠龙子朱曰："若①欲闻射道乎？楚王田②于云梦③，使虞(yú)人④起⑤禽而射之。禽发⑥，鹿出于王左，麋交⑦于王右。王引弓欲射，有鹄(hú)⑧拂王旃(zhān)⑨而过，翼若垂云。王注⑩矢于弓，不知其所射。养叔⑪进曰：'臣之射也，置一叶于百步之外而射之，十发而十中。如使置十叶焉，则中不中非臣所能必矣。'"

——《郁离子》

【注释】

①若：你。

②田：同"畋"，打猎。

③云梦：古代湖泽名，泛指春秋战国时楚王的游猎区。

④虞人：古代掌管山泽的官吏。

⑤起：驱赶起来。

⑥发：跑出来。

⑦交：交错。

⑧鹄：天鹅。

⑨旃：赤色曲柄的红旗。

⑩注：附着。

⑪养叔：名养由基，楚国大夫，善射。

第六课

【出处】

《郁离子》，明代刘基著，是一部寓言体政论散文集。其不仅集中反映了作为政治家的刘基治国安民的主张，也反映了他的人才观、哲学思想、经济思想、文学成就、道德为人以及渊博学识。

【古文今义】

常羊向屠龙子朱学射箭。屠龙子朱说："你想知道射箭的道理吗？楚王在云梦打猎，让掌管山泽的官员去哄赶禽兽出来射杀它们。禽兽跑了出来，鹿在楚王的左边出现，麋（mí）鹿从楚王的右边跑出。楚王拉弓准备射，有天鹅拂过楚王打猎时的红色小旗，展开的翅膀犹如一片垂云。楚王将箭搭在弓上，不知道要射谁。养叔向前说道：'我射箭时，放一片叶子在百步之外去射它，十发箭十发中。假如放十片叶子在百步之外，那么射得中射不中我就不能保证了。'"

第六课

想一想：

1.屠龙子朱说的射箭道理是什么？用一句话概括。

2.你在学习中有没有遇到和楚王打猎类似的情况？

3.养叔说："一片叶子放在百步之外可以十发十中，而十片叶子放在百步之外，就不敢保证能否射中了呢。"这是为什么呢？

故事有约

韦 编 三 绝

　　春秋时期，书主要是以竹子为材料制作的，把竹子破成一根根狭长竹片，用火烘干后在上面写字，称为竹"简"。在一根竹简上写字，多则几十个字，少则八九个字。一部书要用许多竹简，通过牢固的绳子之类的东西按次序编连起来才最后成书，便于阅读。通常，用丝线编连的叫"丝编"，用麻绳编连的叫"绳编"，用熟牛皮绳编连的叫"韦编"。像《易》这样厚重的书，当然是由许许多多竹简通过熟牛皮绳编连起来的。孔子晚年喜《易》，花了很大的精力，反反复复把《易》全部读了许多遍，又附注了许多内容，翻开来又卷回去地不知阅读了多少遍。孔子这样读来读去，把串联竹简的牛皮带子也给磨断了几次，不得不多次换上新的"韦编"。因此，人们用"韦编三绝"来比喻读书勤奋用功。即使读书读到了这样的地步，孔子还谦虚地说："假如让我多活几年，我就可以完全掌握《易》的文与质了。"

专心致志——为学之法

巧 用 三 余

　　三国时期，魏国有一个人叫董遇，自幼生活贫苦，整天为了生活而奔波。但是他只要一有空闲时间，就坐下来读书学习，所以知识很渊博，人们很佩服他，他的名声也越来越大。附近的人纷纷前来求教，并问他是如何学习的。董遇告诉他们说："学习要利用'三余'，也就是三种空余时间：冬天是一年之余，晚上是一天之余，雨天是平日之余（冬者，岁之余；夜者，日之余；阴雨者，时之余）。"人们听后恍然大悟，原来就是要通过一切可以利用的时间来读书学习，以提高自己的水平。

　　点评：古代家境贫寒的读书人常常想尽办法挤时间来读书，抓萤火虫取光、在雪地里借光、凿壁偷光等都是巧用时间勤学的例证。在当代各项条件都更好的情况下，我们一定要珍惜光阴，勤奋学习。

第六课

王献之练字

晋代书法家王献之自小跟父亲王羲之学写字。有一次，他要父亲传授习字的秘诀，王羲之没有正面回答，而是指着院里的十八口水缸说："秘诀就在这些水缸中，你把这些水缸中的水写完就知道了。"

王献之心中不服，认为自己人虽小，字已经写得很不错了。为了在父亲面前显示一下，他下决心再练基本功。他天天模仿父亲的字体练习点、横、竖、撇、捺，足足练习了两年，才把自己写的字给父亲看。父亲笑而不语，母亲在一旁说："有点像了。"王献之又练了两年各种各样的钩，然后才拿给父亲看。父亲还是不言不语，母亲说："有点像银钩了。"王献之这才开始练完整的字，足足又练了四年，才把写的字捧给父亲看。王羲之看后，觉得王献之写的"大"字上紧下松，就在下面加了一点成了"太"字。母亲看了王献之写的字，叹了口气说："我儿练字三千日，只有这一点是像你父亲写的!"王献之听了，这才彻底服了。从此，他更加下功夫练习书法了。

后来，王献之真的写完了这十八口缸中的水，与他的父亲一样也成了著名的书法家。

专心致志——为学之法

大显身手

　　我们总是用"专心致志""聚精会神"来形容一个人专心做某件事。同学们，看动画片、打游戏的时候，我们是不是都能做到很专心呢？

　　下面这个游戏是心理学上常见的训练专注力的游戏，具体方法是：画一张有25个小方格的表格，将1~25的数字顺序打乱填在表格里面，然后以最快的速度从1数到25，要求边读边指出。一人指读一人帮忙计时，看看你每次所花的时间。研究表明：7~8岁儿童完成时间是30~50秒，平均40~42秒；正常成年人看一张图表的时间大约是25~30秒，有些人可以缩短到十几秒。可以多制作几张这样的训练表，每天一练。同学们，把你每次的时间记下来，看看有没有进步呢。你还可以自己制作多张这样的表格，随机抽取其中一张进行测试，看看每次所花的时间，并要记得计算时间要用秒表计时才比较准确。坚持训练，相信你的专注力一定会大大增加的。

21	4	17	9	25
6	18	23	7	10
13	15	12	5	2
3	24	20	19	14
11	22	1	16	8

第六课

幽默与讽刺

秀才读错字

一秀才读书，经常错字连篇。一日，读《水浒传》，正碰上朋友拜访，问他："兄看何书？"他回答："《水许（浒）传》。"朋友觉得奇怪："我读书也不少，《水许传》一书从未听见过。"又继续追问他："书中所载，均为何人？"他赶忙回答："有一人名叫李达（逵），手持两柄大爹（斧），有万夫不当之男（勇），还有和尚鱼知（鲁智）深，教头林钟（冲）。"朋友知其别字甚多，不禁哑然失笑。

点评：如此读书，不如无书。

读 破 句

庸师惯读破句，又念白字。一日训徒，教《大学序》，念云："大学之，书古之，大学所以教人之。"主人知觉，怒而逐之。复被一荫官延请入幕，官不识律令，每事询之馆师。一日，巡捕拿一盗钟者至，官问："何以治之？"师曰："夫子之道忠（音同'盗钟'），怒而已矣。"官遂释放。又一日，获一盗席者至，官又问，师曰："朝闻道夕（音同'盗席'），死可以。"官即将盗席者立毙杖下。适冥王私行，察访得实，即命鬼判拿来，痛骂曰："什么都不懂的畜生！你骗人馆谷，误人子弟，其罪不小，谪往轮回去变猪狗。"师再三哀告曰："作猪狗

专心致志——为学之法

固不敢辞，但猪要判生南方，狗乞做一母狗。"王问何故，答曰："《曲礼》云：临财母（原文为'毋'）狗（原文为'苟'）得，临难母（原文为'毋'）狗（原文为'苟'）免。"（选自《笑林广记》）

点评：不求甚解，误人子弟，也必将害惨自己。

增强记忆力

老人读完一本关于如何增强记忆力的书，便大肆吹嘘他的记忆力提高了一大截，还要妻子试试他。妻子说："明天咱们外出旅行，你把应带的东西背一遍。"

老人精心抄了一份清单，认真地背起来。

第二天，两人上路了。在汽车里，妻子问他："你能背下咱们带的东西了吗？"

老人一字一句地背得滚瓜烂熟，一件不少。

妻子很高兴："东西放在哪儿了？"

老人一听，瞠目结舌。他懊丧地说："东西忘在家里了！"

点评：老人家专心致志地练习记忆力，不过似乎忘记了为什么记忆。不过，乐于学习的老人还是值得尊重的。

郝斯民找驴

郝斯民就是爱思考，成天就见他低着头想心事，大家也不知道他到底思考的啥，为此还闹过不少笑话呢！

有一次，他的妻子让他去打酱油，他到村里的小卖部里打上酱油后低着头就往回走，不知怎么的撞到了路旁的一棵老槐树上，头上撞起了一个大包不说，酱油瓶子也借着惯性一失手掉到地上摔了个粉碎。

这还不说，有一次家里没有煤烧了，他媳妇让他一大早赶着毛驴到煤矿上去拉煤，都去了一整天了也没见人影。就这样到天黑的时候，煤没拉回来，他却揪着缰绳、低着头坐着毛驴车回到了家，你说让人生气不？幸亏这毛驴记得回家的路。

最可笑的一次是，他骑着毛驴去赶集，在半路上不知怎么了，突然着急地大声嚷嚷开了，见人就问："我那驴子呢？我那驴子呢？"

骑驴找驴，人家才不会告诉他呢，让他找去吧！到现在，也不知道他的毛驴找到了没有。

点评：过于专注，不懂合理分配注意力，同样会闹笑话。

专心致志——为学之法

自 我 评 价

1. 读书百遍

	经典撷英	经典名篇	古文初读
朗读次数			
背诵数量	_____句	_____首	_____篇

2. 其义自现

①能够理解的经典名句有_____句。

②最喜欢的经典名句有_____句。

③把你喜欢的经典名句抄写或默写在下面的横线上。

_____

_____

_____

3. 学以致用

学完这一课，你想到了什么？明白了什么？把你想到的写下来，字数不限。

第七课　学而时习——为学之本

　　"学而时习之，不亦说乎？"这是《论语》开篇首章首句。意思是说，学习到的东西，适时去练习、实践它，不也很高兴吗？值得注意的是，此处的"习"不是复习、温习的意思，而是指实践，说明中国古代的读书人是非常重视学以致用的。学习了知识就要善于运用到实际中，否则就只是纸上谈兵。事实上，孔子及其众多弟子都是学以致用的典范。孔子自己出身贫寒，小时候干过多种职业，是射箭驾车的能手。他的弟子子路有勇力才艺，善于管理；弟子子贡善于经商。孔子在教育学生时，既重视"学"与"思"结合，还注重"学"与"行"结合。这一教学思想影响深远，成为中国人读书治学的基本准则。

　　子曰："诵《诗》三百，授之以政，不达；使于四方，不能专对；虽多，亦奚以为？"也就是说，熟读《诗经》三百首，却不能处理政事；到其他国家当使节，却不能独当一面；学得再多，有什么用处呢？看来，孔子并不喜欢满腹经纶而只会纸上谈兵之徒，因为学以致用才是学习的根本目的。

　　"学而时习之"的精髓在于动手。理论上行得通的东西，在实践中做起来可能远远比想象的复杂得多。"纸上得来终觉浅，绝知此事要躬行"，动手做一做，比单纯的"纸上谈兵"要来得更具体、更全面，也更直观。对于技术性的工作，最优秀的往往不是学历高的人，而是有操作倾向、操作能力和操作经验的人。

第七课

说 "习"

在现代汉语中，"学"与"习"总是同时出现，但意思却各有侧重，"学"主要侧重书本知识，"习"主要是技能。"习"，甲骨文写作 。《说文解字》解释为"数飞也，从羽从白"，其中"数"读作 shuò，表示多次、屡次。可见，"习"的最初意义便是鸟多次练习飞翔。《论语·学而》"学而时习之，不亦说乎"中的"习"，一般理解为复习、温习，这是不符合原文之意的。"习"应该表示练习、实践，学习了新知识并且能够经常去实践它，这才是很快乐的事情。宋代朱熹在解释这句话时就说"学之不已，如鸟数飞也"。可见，《论语》里这句话讲的就是学以致用的问题。从古代文献中我们也知道，古人的教育并不是一味地读死书，而是非常讲究实践教育。《礼记》讲到古代贵族子弟八岁入小学，要学习"六艺"，即礼、乐、射、御、书、数，其中"礼"是礼仪、礼节，"乐"是音乐，"射"是射箭技术，"御"是驾驭马车的技术，"书"是文字，"数"是计算。这些学习内容不仅仅是书本知识的学习，更是实践能力的培养。

从汉语汉字中，我们知道学习不仅仅是坐在课堂里翻书本，生活中也无处不是学习，需要我们在课堂中仔细聆听、在大自然中细心观察和在实践中反复思考。只有这样，我们才能真正体会到"学而时习之"的快乐！

经典撷英

1. 仕而优则学，学而优则仕。　　　　　　　　——《论语·子张》

2. 温故而知新，可以为师矣。　　　　　　　——《论语·为政》

3. 学然后知不足，教然后知困。知不足，然后能自反也，知困，然后能自强也。故曰：教学相长也。　　　　——《礼记·学记》

4. 博学之，审问之，慎思之，明辨之，笃行之。

　　　　　　　　　　　　　　　　　　——《礼记·中庸》

5. 独学而无友，则孤陋而寡闻。　　　　　——《礼记·学记》

6. 知之而不行，虽敦必困。　　　　　　　　——《荀子·儒效》

7. 读书患不多，思义患不明。患足己不学，既学患不行。

　　　　　　　　　——［唐］韩愈《赠别元十八协律六首》

8. 学者贵于行之，而不贵于知之。

　　　　　　　　　——［北宋］司马光《答孔文仲司户书》

9. 物变极万殊，心通才一曲。读书谓已多，抚事知不足。

　　　　　　　　　　　——［北宋］王安石《寄吴冲卿》

10. 行然后知之艰，非力行焉者不能知也。

　　　　　　　　　　——［南宋］朱熹《四书集注》

11. 学而不知道，与不学同；知而不能行，与不知同。

　　　　　　　　　　　　　　　——［北宋］黄晞

12. 学而不化，非学也。　　　　　——［南宋］杨万里

13. 讲之功有限，习之功无已。　——［清］颜元《总论诸儒讲学》

14. 有书堆数仞，不如读盈寸。读书虽可喜，何如躬践履。

　　　　　　　　　　　　——［清］刘岩《杂诗》

学而时习——为学之本

经典名篇

冬夜读书示子聿（yù）

〔南宋〕陆　游①

古人学问无遗力，少壮工夫老始成。
纸上得来终觉浅，绝知②此事要躬行③。

【注释】

①陆游：南宋著名的爱国主义诗人，创作诗歌今存九千多首。《冬夜读书示子聿》是陆游写给小儿子聿的诗，后成为流传至今的劝学名篇。

②绝知：深入、透彻地理解。

③躬行：亲身实践。

第七课

七嘴八舌

　　学习的最终目的在于应用。司马光说："学者贵于行之，而不贵于知之；贵于有用，而不贵于无用。"庄子也说："学道而不能行谓之病。"可见，古人特别重视学习与实践的关系。

　　同学们，在生活中，你或者你身边的人是怎样做到"学以致用"的？举例说说看。

_____

_____

_____

_____

_____

_____

_____

学而时习——为学之本

刘羽冲死读书

刘羽冲，沧州人也，性孤僻，好讲古制，实迂阔不可行。偶得古兵书，伏①读经年②，自谓可将③十万。会有土寇④，自练乡兵与之角⑤，全队溃覆，几⑥为所禽。又得古水利书，伏读经年，自谓可使⑦千里成沃壤。绘图列说⑧州官。州官亦好事，使试于一村。沟洫⑨甫⑩成，水大至，顺渠灌入，人几为鱼。由是郁郁不自得，恒⑪独步庭院，摇首叹息："古人岂⑫欺我哉！"如是日千百遍，惟⑬此六字。不久发病死。

——《阅微草堂笔记》

【注释】

①伏：伏案。

②经年：经过一年。

③将：统率。

④会有土寇：正赶上土匪。会，适逢。

⑤角：战斗。

⑥几：差点儿，几乎。

⑦使：改造。

⑧列说：到处游说。

⑨沟洫：沟渠。

⑩甫：刚刚，才。

⑪恒：常。

⑫岂：难道。

⑬惟：只有，仅仅。

【出处】

《阅微草堂笔记》，清代纪昀以笔记形式编写的文言短篇志怪小说，与袁枚《子不语》一书齐名。全集分五书，共二十四卷，一千二百零八则，主要记述狐鬼神怪故事，意在劝善惩恶。

【古文今义】

刘羽冲，沧州人，性格孤僻，喜欢讲古制，实际上根本行不通。他偶然得到一部古代兵书，伏案读了一年，便自称可以统率

学而时习——为学之本

十万大军。恰好这时有土匪造反，刘羽冲便训练了一队乡兵前往镇压，结果全队溃败，他本人也差点儿被俘。后来，他又得到一部古代水利著作，读了一年，又声称可以把千里瘠土改造成良田，并画了图劝说州官。州官也喜欢多事，让他在一个村子里试验，结果沟渠刚挖成天降大雨，洪水顺着渠道灌入村庄，村里人险些全被淹死。从此，刘羽冲闷闷不乐，每天总是独自漫步在庭院里，千百遍地摇头自语道："古人怎么会欺骗我呢？"他每天只说这几个字，反复千百遍。不久，便在抑郁中病死。

想一想：

1. 刘羽冲是个怎样的人？

2. 刘羽冲的失败原因是什么？从中我们可以得到什么教训？

3. 发挥想象，把这个故事绘声绘色讲给爸爸妈妈听。

半部《论语》治天下

宋太祖时期，赵普任中书令，因为年幼时候读书不专一、不用功，在批阅公文时经常遇到困难。于是，赵普发奋读书，每天晚上都学习到很晚，学的不是其他书，正是年幼时所读的《论语》。一天晚上，宋太祖到赵普家探望，见到赵普在读《论语》，就问："《论语》是幼儿读物，你怎么还在读呢？"赵普回答说："年幼时读书，为的只是多认识几个字，并不了解其中的含义；现在读《论语》，为的是探寻治国理政的良方，很不相同。"宋太祖感到诧异而又欣喜地说："你真是把《论语》读懂了啊！"

点评：学贵专精。同时，好书不厌千回读，不同时期读都会有不同的收获。

扁鹊的医术

魏文王问名医扁鹊说："你们家兄弟三人都精于医术，到底哪一位最好呢？"

扁鹊答说："长兄最好，中兄次之，我最差。"

文王再问："那为什么你最出名呢？"

扁鹊答说："我长兄治病，是治病于病情发作之前。由于一般人不知道他事先能铲除病因，所以他的名气无法传出去，只有我们家的人才知道。我中兄治病，是治病于病情初起之时。一般人以为他只能治轻微的小病，所以他的名气只及于本乡里。我扁鹊治病，是治病于病

学而时习——为学之本

情严重之时。一般人都看到我在经脉上穿针管来放血，在皮肤上敷药等大手术，所以以为我的医术高明，名气因此响遍全国。"

文王说："你说得好极了。"

点评：在荣誉和掌声面前，人很容易迷失自己，失去学习的动力和目标。扁鹊是当时最有名的医生，但贵在有自知之明，知道自己的短处、别人的长处。因而，时刻抱有学习和进取的态度，这样才能永不止步。同时，学以致用并不意味着单一追求实用主义。扁鹊的两位哥哥不图虚名，将患者"治于未病"，境界实在是高！

第七课

善诵驾船法

从前，有一个富有的老人的儿子，和许多商人到海上开采宝藏。这个老人的儿子善于背诵到海上的行船方法，比如进入海水有漩涡洄流或者有岩石激流的地方，就应该这样掌舵，这样摆正船身，或这样使船停下来（这些方法都是书上说的）。他对众人说："到海上行船的方法，我全都知道。"

众人听了，都相信他说的话。

船已经进入海中，行了不多久，艄公（驾船的师傅）突然得了病死了。当时，那位老人的儿子立即便代替了艄公的工作。

船行到了有漩涡激流的地方，他便大声背诵着要这样驾船，要这样摆正船身，但船却随着漩涡来回打转，不能前进到达有宝藏的地方。最后，全船的商人都沉没到海中淹死了。（选自《百喻经》）

挥泪斩马谡

马谡，字幼常，襄阳宜城人，本与诸葛亮同一故里。马氏兄弟五人，并有才名。马谡以荆州从事先随刘备入蜀，曾为绵竹、成都令，越巂太守，好论军事，诸葛亮深为器重。刘备生前曾对诸葛亮评价马谡，说："马谡言过其实，不可大用，君其察之。"诸葛亮不以为意，以马谡为参军。蜀汉建兴六年（公元228年），诸葛亮第一次北伐，他亲率主力经今白水江猛攻祁山（今甘肃省祁县东），势如破竹，陇右曹魏的天水、南安、安定三郡归降蜀汉，诸葛亮收降了魏将天水郡羌人姜维。关中震动，魏明帝亲自率军西镇长安，命大将张郃领兵西向拒诸葛亮所率之军。诸葛亮选拔马谡，使马谡督诸军在前，与魏将张郃战于街亭。

临行前，诸葛亮再三嘱咐马谡："街亭虽小，关系重大。它是通往

第七课

　　汉中的咽喉。如果失掉街亭，我军必败。"并具体指示让他"靠山近水安营扎寨，谨慎小心，不得有误"。

　　马谡到达街亭后，不按诸葛亮的指令依山傍水部署兵力，却骄傲轻敌、自作主张地想将大军部署在远离水源的街亭山上。当时，副将王平提出："街亭一无水源二无粮道，若魏军围困街亭，切断水源，断绝粮道，蜀军则不战自溃。请主将遵令履法，依山傍水巧布精兵。"马谡不但不听劝阻，反而自信地说："马谡通晓兵法，世人皆知，连丞相有时也得请教于我，而你王平生长戎旅，手不能书，知何兵法？"接着又洋洋自得地说："居高临下，势如破竹，置之死地而后生，这是兵家常识。我将大军布于山上，使之绝无反顾，这正是制胜之秘诀。"王平再次谏阻："如此布兵危险。"马谡见王平不服，便火冒三丈说："丞相委任我为主将，部队指挥我负全责。如若兵败，我甘愿革职斩首，绝不怨怒于你。"王平再次义正辞严："我对主将负责，对丞相负责，对后主负责，对蜀国百姓负责。最后恳请你遵循丞相指令，依山傍水布兵。"马谡固执己见，将大军布于山上。

魏明帝曹睿得知蜀将马谡占领街亭，立即派骁勇善战并曾多次与蜀军交锋的张郃领兵抗击。张郃进军街亭，侦察到马谡舍水上山，心中大喜，立即挥兵切断水源、掐断粮道，将马谡部围困于山上，然后纵火烧山。蜀军饥渴难忍，军心涣散，不战自乱。张郃命令乘势进攻，蜀军大败。马谡失守街亭，战局骤变，迫使诸葛亮退回汉中。

诸葛亮总结此战失利的教训，痛心地说："用马谡错矣。"为了严肃军纪，诸葛亮下令将马谡革职入狱，斩首示众。临刑前，马谡上书诸葛亮："丞相待我亲如子，我待丞相敬如父。这次我违背节度，招致兵败，军令难容。丞相将我斩首以诫后人，我罪有应得，死而无怨，只是恳望丞相以后能照顾好我一家妻儿老小。这样，我死后也就放心了。"诸葛亮看罢，百感交集，老泪纵横，要斩掉自己十分器重赏识的将领，心若刀绞；但若违背军法，免他一死，又将失去众人之心，无法实现统一天下的宏愿。于是，他强忍悲痛，挥泪下令斩了马谡，全军将士无不为之震惊。

诸葛亮拭干眼泪，宣布了一道命令：对力主良谋、临危不惧、英勇善战的副将王平加以褒奖，破格擢升为讨寇将军。后来，善于自省的诸葛亮多次以用人不当为由请求自贬三等，由一品丞相贬为三品右将军，但仍尽心竭力辅佐后主刘禅，欲图中原，成就大业。

大显身手

秦国有个人叫孙阳，他一眼就能认出好马和坏马，人们把他叫作"伯乐"。伯乐把自己认马的本领都写到《相马经》的书里，画上了各种马的图。伯乐的儿子很笨，却希望自己也能像父亲那么厉害。伯乐的儿子把《相马经》背得很熟，以为自己也有了认马的本领。一天，伯乐的儿子在路边看见了一只癞蛤蟆，便想起书上说额头隆起、眼睛明亮、有四个大蹄子的就是好马。"这家伙的额头隆起来，眼睛又大又亮，不正是一匹千里马吗？"他非常高兴，把癞蛤蟆抓回了家，然后对伯乐说："快看，我找到了一匹好马！"伯乐哭笑不得，只好说："你抓的马太爱跳了，不好骑啊！"

同学们，如果你是伯乐的儿子，你会怎样向自己的父亲学习相马呢？把你想到的写下来吧。

第七课

学而时习——为学之本

治 胃 炎

诸葛亮临死前料定他死后魏延必反，暗嘱马岱杀掉魏延。

蜀将中人才济济，马岱武功并不高强，为何诸葛亮偏要找马岱担此重任呢？

因为，马岱，字丁琳，马丁琳专治魏延（胃炎）……

点评：谐音，是编造笑话的主要方法。

高中语文考试

高中语文考试有道填空题：山对海说："你是如此的宽广、如此的澎湃、如此的博大……"然后下面的填空是：海对山说："＿＿＿＿"大家都极尽所能发挥想象，结果卷子发下来时，有个同学在空格里填了："谢谢。"

点评：如此答案，应该没有人不会。

参加了一个发布会

周末我回家晚了，一进门老婆就审问我："怎么7点才回家？" 我说："下午参加了一个发布会。"老婆一边翻我的包一边说："发的是什么布？我正想做条裤子。"

点评：如果发布会有布发，我也要参加。

不识字的害处

老师对一个读书不认真的学生说："不识字的害处很多，你能给我举个例子吗？"

学生摇摇头，一副茫然的样子。突然，一只苍蝇从他眼前飞过。他眼睛一亮，朗朗有声地说："苍蝇常常落到捕蝇纸上被粘住，最后死去，可那纸上明明写着'捕蝇纸'三个字！"

点评：没文化，真可怕！

外 太 公

有教小儿以"大"字者。一日写"太"字问之，儿仍曰："大。"因教之曰："中多一点，乃太公的'太'字也。"次日写"犬"字问之，儿曰："太公的'太'字。"师曰："今番点在外，如何还是'太'字？"儿即应曰："这样说，便是外太公了。"

点评：触类旁通，却离题万里。

学而时习——为学之本

自 我 评 价

1. 读书百遍

	经典撷英	经典名篇	古文初读
朗读次数			
背诵数量	_____句	_____首	_____篇

2. 其义自现

① 能够理解的经典名句有_____句。

② 最喜欢的经典名句有_____句。

③ 把你喜欢的经典名句抄写或默写在下面的横线上。

_____

_____

_____

3. 学以致用

学完这一课，你想到了什么？明白了什么？把你想到的写下来，字数不限。

附录：课后经典诵读名篇

为学一首示子侄（节选）

[清] 彭端淑

天下事有难易乎？为之，则难者亦易矣；不为，则易者亦难矣。人之为学有难易乎？学之，则难者亦易矣；不学，则易者亦难矣。

吾资之昏，不逮人也；吾材之庸，不逮人也；旦旦而学之，久而不怠焉，迄乎成，而亦不知其昏与庸也。吾资之聪，倍人也；吾材之敏，倍人也；屏弃而不用，其昏与庸无以异也。圣人之道，卒于鲁也传之。然则昏庸聪敏之用，岂有常哉？

问 学（节选）

[清] 刘 开

　　君子之学必好问。问与学，相辅而行者也。非学无以致疑，非问无以广识；好学而不勤问，非真能好学者也。理明矣，而或不达于事；识其大矣，而或不知其细，舍问，其奚决焉？

　　贤于己者，问焉以破其疑，所谓就有道而正也。不如己者，问焉以求一得，所谓以能问于不能，以多问于寡也。等于己者，问焉以资切磋，所谓交相问难(nàn)，审问而明辨之也。《书》不云乎？"好问则裕"。

与友人书（节选）

[明] 顾炎武

　　人之为学，不日进则日退。独学无友，则孤陋而难成。久处一方，则习染而不自觉。不幸而在穷僻之域，无车马之资，犹当博学审问，古人与稽，以求其是非之所在，庶几可得十之五六。若既不出户，又不读书，则是面墙之士，虽有子羔、原宪之贤，终无济于天下。子曰："十室之邑，必有忠信如丘者焉，不如丘之好学也。"夫以孔子之圣，好学，今人可不勉乎？

师 说（节选）

[唐] 韩 愈

　　古之学者必有师。师者，所以传道受业解惑也。人非生而知之者，孰能无惑？惑而不从师，其为惑也，终不解矣。生乎吾前，其闻道也固先乎吾，吾从而师之；生乎吾后，其闻道也亦先乎吾，吾从而师之。吾师道也，夫庸知其年之先后生于吾乎？是故无贵无贱，无长无少，道之所存，师之所存也。

送东阳马生序

〔明〕宋　濂

　　余幼时即嗜(shì)学。家贫，无从致书以观，每假借于藏书之家，手自笔录，计日以还。天大寒，砚(yàn)冰坚，手指不可屈伸，弗(fú)之怠(dài)。录毕，走送之，不敢稍逾(yú)约。以是人多以书假余，余因得遍观群书。既加冠，益慕圣贤之道。又患无硕师名人与游，尝趋百里外从乡之先达执经叩问。先达德隆望尊，门人弟子填其室，未尝稍降辞色。余立侍左右，援疑质理，俯身倾耳以请；或遇其叱咄(chìduō)，色愈恭，礼愈至，不敢出一言以复；俟(sì)其欣悦，则又请焉。故余虽愚，卒获有所闻。

　　当余之从师也，负箧(qiè)曳(yè)屣(xǐ)行深山巨谷中。穷冬烈风，大雪深数尺，足肤皲(jūn)裂而不知。至舍，四支僵劲不能动，媵(yìng)人持汤沃灌，以衾(qīn)拥覆，久而乃和。寓逆旅，主人日再食(sì)，无鲜肥滋味之享。同舍生皆被(pī)绮(qǐ)绣，戴朱缨宝饰之帽，腰白玉之环，左佩刀，右备容臭(xiù)，烨(yè)然若神人；余则缊(yùn)袍敝衣处其间，略无慕艳意，以中有足乐者，不知口体之奉不若人也。盖余之勤且艰若此。今虽耄(mào)老，未有所成，犹幸预君子之列，而承天子之宠光，缀公卿之后，日侍坐备顾问，四海亦谬称其氏名，况才之过于余者乎？

　　今诸生学于太学，县官日有廪(lǐn)稍之供，父母岁有裘(qiú)葛之遗(wèi)，无冻馁(něi)之患矣；坐大厦之下而诵《诗》《书》，无奔走之劳矣；有司业、博士为之师，未有问而不告，求而不得者也；凡所宜有之书皆集于此，不必若余之手录，假诸人而后见也。其业有不精、德有不成者，非天质之卑，则心不若余之专耳，岂他人之过哉？

　　东阳马生君则，在太学已二年，流辈甚称其贤。余朝京师，生以乡人子谒（yè）余，撰（zhuàn）长书以为贽（zhì），辞甚畅达，与之论辩，言和而色夷。自谓少时用心于学甚劳，是可谓善学者矣。其将归见其亲也，余故道为学之难以告之。谓余勉乡人以学者，余之志也；诋我夸际遇之盛而骄乡人者，岂知余者哉！

礼记·学记

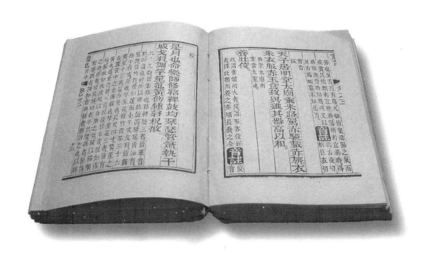

发虑宪，求善良，足以谀闻，不足以动众。就贤体远，足以动众，未足以化民。君子如欲化民成俗，其必由学乎！

玉不琢，不成器；人不学，不知道。是故古之王者建国君民，教学为先。《兑命》曰："念终始典于学。"其此之谓乎！

虽有佳肴，弗食不知其旨也；虽有至道，弗学不知其善也。是故学然后知不足，教然后知困。知不足然后能自反，知困然后能自强也。故曰：教学相长也。《兑命》曰："学学半。"其此之谓乎！

古之教者，家有塾，党有庠，术有序，国有学。

比年入学，中年考校。一年视离经辨志；三年视敬业乐群；五年视博习亲师；七年视论学取友，谓之小成。九年知类通达，强立而不反，谓之大成。夫然后足以化民易俗，近者说服而远者怀之，此大学之道也。《记》曰："蛾子时术之。"其此之谓乎！

大学始教，皮弁(biàn)祭菜，示敬道也。《宵(xiǎo)雅》肆三，官其始也。入学鼓箧(qiè)，孙其业也。榎(jiǎ)楚二物，收其威也。未卜禘不视学，游其志也。时观而弗语，存其心也。幼者听而弗问，学不躐等也。此七者，教之大伦也。记曰："凡学，官先事，士先志。"其此之谓乎！

大学之教也，时教必有正业，退息必有居学。不学操缦，不能安弦；不学博依，不能安诗；不学杂服，不能安礼。不兴其艺，不能乐学。故君子之于学也，藏焉修焉，息焉游焉。夫然，故安其学而亲其师，乐其友而信其道，是以虽离师辅而不反也。《兑命》曰："敬孙务时敏，厥修乃来。"其此之谓乎！

今之教者，呻其占毕，多其讯，言及于数，进而不顾其安，使人不由其诚，教人不尽其材，其施之也悖，其求之也佛。夫然，故隐其学而疾其师，苦其难而不知其益也。虽终其业，其去之必速，教之不刑，其此之由乎！

大学之法：禁于未发之谓豫；当其可之谓时；不凌节而施之谓孙；相观而善之谓摩。此四者，教之所由兴也。

发然后禁，则扞(hàn)格而不胜；时过然后学，则勤苦而难成；杂施而不孙，则坏乱而不修；独学而无友，则孤陋而寡闻；燕朋逆其师，燕辟废其学。此六者，教之所由废也。

君子既知教之所由兴，又知教之所由废，然后可以为人师也。故君子之教，喻也。道而弗牵，强而弗抑，开而弗达。道而弗牵则和，强而弗抑则易，开而弗达则思。和、易以思，可谓善喻矣。

学者有四失，教者必知之。人之学也，或失则多，或失则寡，或失则易，或失则止。此四者，心之莫同也。知其心然后能救其失也。教也者，长善而救其失者也。

善歌者，使人继其声；善教者，使人继其志。其言也，约而达，微而臧罕譬而喻，可谓继志矣。

君子知至学之难易而知其美恶，然后能博喻，能博喻然后能为师，能为师然后能为长，能为长然后能为君。故师也者，所以学为君也，是故择师不可不慎也。《记》曰："三王四代唯其师。"其此之谓乎！

凡学之道：严师为难。师严然后道尊，道尊然后民知敬学。是故君之所以不臣于其臣者二：当其为尸，则弗臣也；当其为师，则弗臣也。大学之礼，虽诏于天子无北面，所以尊师也。

善学者，师逸而功倍，又从而庸之。不善学者，师勤而功半，又从而怨之。善问者如攻坚木，先其易者，后其节目，及其久也，相说以解。不善问者反此。善待问者如撞钟，叩之以小者则小鸣，叩之以大者则大鸣，待其从容，然后尽其声。不善答问者反此。此皆进学之道也。

记问之学，不足以为人师，必也听话乎！力不能问，然后语之，语之而不知，虽舍之可也。

良冶之子，必学为裘；良弓之子，必学为箕；始驾马者反之，车在马前。君子察于此三者，可以有志于学矣。

古之学者，比物丑类，鼓无当于五声，五声弗得不和；水无当于五色，五色弗得不章；学无当于五官，五官弗得不治；师无当于五服，五服弗得不亲。

君子曰："大德不官，大道不器，大信不约，大时不齐。"察于此四者，可以有志于本矣。三王之祭川也，皆先河而后海，或源也，或委也，此之谓务本！

颜氏家训·勉学篇

[南北朝] 颜之推

　　人生小幼，精神专利，长成已后，思虑散逸，固须早教，勿失机也。吾七岁时，诵《灵光殿赋》，至于今日，十年一理，犹不遗忘。二十以外，所诵经书，一月废置，便至荒芜矣。然人有坎壈，失于盛年，犹当晚学，不可自弃。孔子曰："五十以学《易》，可以无大过矣。"魏武、袁遗，老而弥笃；此皆少学而至老不倦也。曾子十七乃学，名闻天下；荀卿五十始来游学，犹为硕儒；公孙弘四十余方读《春秋》，以此遂登丞相；朱云亦四十始学《易》《论语》，皇甫谧二十始受《孝经》《论语》，皆终成大儒：此并早迷而晚寤也。世人婚冠未学，便称迟暮，因循面墙，亦为愚耳。幼而学者，如日出之光；老而学者，如秉烛夜行，犹贤乎瞑目而无见者也。

后　记

　　从酝酿、编写、试用到反复修改，《"传优养心"青少年传统文化专题读本》之《孝敬之道》《学习之道》前后经历了三年多时间终于完成编写并出版。与以往的学术著作相比，这两本书花费了我更多的时间和精力，也凝聚了我更多的情感。这是作为一个母亲陪伴女儿成长最有价值的人生礼物，也是我为青少年烹制的传统文化大餐。

　　本书的体例和内容主要由我本人完成，王旭先生参与了《故事有约》《幽默与讽刺》等栏目的编写，金颖副教授参与了《孝敬之道》资料搜集，孟楠和肖前欢两位同学参与了部分资料搜集和文本校对工作，杨期卫同学为本书绘制了漫画，在此一并表示感谢。

　　感谢暨南大学华文教育研究院的支持和给予出版资助，感谢暨南大学王彦坤教授和广州市天河区教育局局长柳恩铭博士作序，感谢广州市天河区五一小学、石牌小学和明伦书院试用本套读本并提供宝贵意见。